사랑하는 예수 그리스도께

이 책을 바칩니다

아빠, 제가 정말 미친 걸까요?

- **초판인쇄** 2010년 04월 12일
- **초판발행** 2010년 04월 12일
- **지 은 이** 황 월 순
- **펴 낸 이** 김 영 란
- **펴 낸 곳** 북 산 책

경기도 파주시 교화읍 문발리 513-5
Tel : 한국 010-2016-7113
미국 1-408-515-5628
www.bookforus.com
e-mail : 4mybook@gmail.com

ISBN 978-89-960356-7-1-03230 정가 12000원

아빠, 제가 정말 미친 걸까요?

황 월 순 지음

북산책

아빠와 호흡하며

"나는 선한 목자라 내가 내 양을 알고 양도 나를 아는 것이"
요한복음 10:14

나를 자상한 아버지처럼 이끌어 주신 주님을 '아빠'로 부른지도 어느덧 48년이 흘렀다. 어떤 시시콜콜한 말이나 응석도 받아주고 이해해 주시는 주님을 부르는데 아빠보다 다정한 말이 어디 또 있을까?

나는 철저한 불신자 집에서 자랐지만 열다섯 살에 아빠를 만났다. 나는 그때 오직 마음껏 아빠를 믿고 함께 있고 싶은 마음에 가출을 감행했고 그 후 우리 가족은 모두 주님을 영접하게 됐다. 주님은 특별히 내게 가난한 자와 과부 그리고 고아를 보는 눈을 허락하시고 그들을 보살피는 일을 맡기시며'평화의 집'을 운영하게 하셨다. 하지만 처녀의 몸으로 악에 받힌 전과자 동생들과 살면서 겪은 좌절과 공포보다 나를 미쳤다고 거리로 내쫓으며 손가락질하는 주위의 시선과 박해가 더욱 견디기 힘들었다. 더러는 같이 사는 동생들의 성이 다르다고 창녀라는 누명까지 씌웠지만, 그런 눈초리와 오해에도 내가 담대할 수 있었던 것은 상처를 보듬고 치유하시며 용기를 주신 아빠의 보살핌과 은혜가 있었기 때문이다.

아빠의 심부름꾼으로 나서 미움과 질병, 고통과 죽음 앞에 선 형제자매를 상담하면 할수록 내가 뼈저리게 느낀 것은 나의 무기력과 한계였다. 그때마다 나는 해결책을 간구하며 똑같은 기도를 2년 동안 드렸다. '만일 아빠께서 이 자리에 계시다면 어떻게 하시겠어요? 하늘의 신령한 비밀을 제게도 맡겨주세요!'

그러던 중, 1987년 아빠는 내가 무엇이든 여쭤보면 응답해 주시는 은혜를 베푸셨다.

나는 아빠를 알게 된 후 무기수와 약혼까지 한 사연도 있고, 택시 운전사, 공사장 벽돌공, 노점상, 구두닦이 등 여자로는 불가능해 보이는 일들을 하며 살았다. 그래도 나는 늘 당당하고 힘이 넘쳤다. 내 뜻과 선택을 아빠가 지켜보며 흐뭇해하시는데 무슨 상관이란 말인가?

이러한 여러 체험을 통해 나는 사회적 부조리와 불평등, 약한 자의 강요되는 희생, 남자들의 철없는 욕망을 숱하게 보았다.

그럴 때면 나도 모르게 의분이 나서 승객이건 경찰이건 거칠게 항의하고 험한 말도 불사했었다. 마치 성전에서 장사하며 아버지 집을 도적의 소굴로 만드는 소인배들을 채찍으로 내쫓으시고, 외식하는 바리새인들을 향하여 '독사의 새끼들아'하고 꾸짖으셨던 예수님처럼.

돌이켜보면 나도 부족한 한 인간이면서 저지른 일들이 부끄럽기도 하고 예수님을 흉내 낸 일은 더욱 가당치 않다. 그렇지만 내가 나의 실수조차 가감 없이 드러내는 것은 오히려 내 부족함을 통해 읽는 이들이 위안을 얻었으면 하는 소망 때문이다.

아빠는 내 입술을 20년 넘게 도구로 사용하시며 각양각색의 사건과 질병문제를 상담케 하셨다. 그때마다 일일이 간여하시며 말씀과 채우심과 자유와 회복을 주셨다.

"아빠를 큰소리로 자랑하고 싶지만 단둘이만 나눈 밀어를 어떻게 공개해요?"

내가 아빠와 있던 일을 말하기 꺼려하자 아빠께서는 내게 무저갱으로 내려가는 죽음까지 맛보게 하시며 이 일을 추진하도록 강권하셨다. 만삭되지 못한 계집을 불쌍히 여기시고 사랑하는 양떼들이 마음을 열고 구원받기를 기다리시며, 한 영혼을 구할 때마다 내게 목숨을 담보로 하는 해산의 고통을 거치게 하셨다.

성령거역의 상태란 흙으로 지음 받은 우리의 영육이 메말라서 생명체가 자랄 수 없는 상태가 되는 것이라는 사실을 나는 개인적으로 체험했다. 수면에 운행하시는 여호와의 신이 없으면 토지가 기운을 얻을 수 없다. 긍정된 삶을 바라볼 수도 없이 '땅이 혼돈하고 공허하며 흑암의 깊음 위에'(창세기 1:2) 있을 뿐이다.

사람들은 나의 삶을 칭찬도 하지만, 하나님께 미치지 않았느냐고 의심의 눈초리를 보내며 묻기도 한다. 그 때마다 나는 내 아빠 되시는 하나님께 수없이 되물었다.

'아빠, 제가 정말 미친 걸까요?'

그리고는 곧 위로를 얻는다. 不狂不及(불광불급)!

미치지 않고는 이르지 못한다는 말도 있지 않은가.

하나님께 미치지 않고는 하나님께 이르지 못한다는 사실!

그렇다 해도 거의 반세기를 함께 호흡한 아빠와의 밀어를 어찌 이 한 권에 다 기록할 수 있으랴!

하나님은 오직 거룩하고 존엄하며 두렵다고 여기는 형제자매에게, 자상하고 다정한 아빠의 넉넉한 사랑의 품을 보여주고 싶고 누구나 그 안에서 뒹굴기를 소원하며 내용을 간추렸다. 아빠와 함께 한 나의 삶이 일신의 자랑으로 읽히지 않기를 바라며, 성령의 인도와 아빠의 역사를 가벼이 비판하거나 판단치 않고 영의 양식으로만 취하기를 기원 드린다.

호흡 있는 자는 누구나 이 말씀과 체험 잔치에 동참해 아빠를 성원하고 박수치는 사람들이 날로 늘어 아빠가 더욱 유명해지면 좋겠다.

아빠, 그 이름을 내가 마음껏 부르도록 허락하신 아빠께 먼저 감사와 찬송을 올려드리고, 나를 낳아주시고 길러주시며 내 삶의 토양과 양분을 제공해 주신 부모님께 고마움을 전하고 싶다.

책 쓰는데 도움을 주신 조수진 김연희 교수부부와 송정헌 목사님, 교정에 수고를 아끼지 않으신 윤미찌애 권사님과 이연택 장로님, 물심양면의 오랜 동역자이신 양희자 권사님, 김선희 집사님, 고 김복용 장로님, 김정애 권사님, 박정애 자매님, 송정일 장로님께도 특별한 감사를 드린다.

책 만드느라 수고하신 '북산책' 김영란 대표에게 감사를 드리며 마음속에 사랑과 기도로 존재하는 많은 형제자매에게도 지면을 통해 아빠의 사랑을 전해 드리고 싶다.

온 땅이여 주를 찬양 날마다 주를 찬양하세.
주의 기사와 주의 영광 온 땅에 널리 알려졌네.
위대하신 주 그의 힘과 위엄을 기뻐하라 그의 다스리심을.

2010년 3월 25일
황 월 순

목 차

5부 평화의 집

6부 어둠의 자식들

7부 극성맞은 아지매

8부 부부연합의 깊은 샘

9부 아빠와 함께

10부 좋으신 하나님

11부 하나님의 가르침

12부 치료의 아빠

13부 생명체의 신비

14부 가정의 회복

15부 미국에서

16부 제가 정말 미쳤나요?

사랑과 감사를

고 김종호 목사님 (온누리 연합감리교회)

저의 소책자 〈성령 하나님은 치료 하십니다〉의 내용을 손수 간추리고 교정해 주시며 추천해 주신 것을 깊이 감사드립니다. 김종호목사님! 하늘나라에서도 온누리를 위해 여전히 응원하고 계시지요? 순례자의 길이 다 할 때 생명수 강가에서 뵙게 되기를 기대하고 함께 수고해 주신 김인숙 사모님과 어여쁜 두 딸에게도 지면을 통해 감사를 드립니다.

김정웅 교수, 김혜영 사모 (경북대 음대교수)

마음뿐 아니라 십일조 전액을 수년간 가난한 소자인 '평화의 집' 아이들을 위해 지원해 주셨던 조건 없는 사랑에 감사드립니다. 자자손손 천만대에 이르러 하나님께서 갚아 주시기를 진심으로 기도 드립니다.

김정희 (법무부 복지공단 전 사무국장, 성광교회 장로님)

공무수행만으로도 바쁘실 텐데도 소년 한 명 한 명 분류심사과정에서 가슴으로 따뜻하게 품고 열정과 인도의 손길로 붙들어 주시는 그 인자하심을 저도 배워 흉내 내며 살았습니다. 주님의 크신 사랑과 은총이 넘치시기를 기원합니다.

김창렴 (대구 동신교회 원로목사)

진리탐구와 정의를 위해 처절한 투쟁을 해 오시며 '복음의 밀수꾼'이란 별명으로 그리스도의 온전한 편지가 되어 생명 사랑함에 본을 보여 주셨습니다. 한 영혼을 위한 헌신과 희생에 마음 깊은 곳에서 우러나는 존경을 표합니다.

김창인 (서울 충현교회 원로목사)
경건과 성결한 삶에 왕고집을 부리시며 영향력 있는 삶을 다루어 지도해 주신 존경하는 목사님의 교훈이 제 일생에 지팡이가 되었습니다. 고개 숙여 감사드립니다.

변제우 (매일 신문사 전 편집국장)
한 달 동안 발품을 팔며 무명의 택시운전사를 찾아내어 매스컴의 위력을 보여주신 멋쟁이 사회부 기자님! 일기장에서 발췌한 내용까지 사명감으로 세상에 알려서 제가 가고자 하는 길에 활력을 더해 주신 고집스런 귀한 인품에 감사드리며 하나님의 인도하심을 기원합니다.

이근영 박사, 이연숙 사모 (한국은행 부장 퇴임)
지. 정. 의와 진선미의 뛰어난 인품을 겸비하신 이근영. 이연숙내외분! 매사에 부족한 저를 세워주고 인정해 주고 넓혀 주시며 가족처럼 맞아주셔서 제게 언제나 많은 용기가 되었고 샘솟듯 큰 힘이 되었습니다. 내외분의 아름다운 사랑이 천국에서 해같이 빛나시기를 바랍니다.

이동휘 (전주 안디옥교회 원로목사)
일본선교를 열망할 때 사명감 하나로 바울선교회 소속 일본선교사로 출발을 허락하신 세계 선교를 품에 안은 신실한 목사님을 만나 감격스러웠습니다. 무릎으로 사시는 삶을 흉내 내려고 꿈틀거려 봅니다. 하나님만 향하는 그 행보에 주님의 임재를 기도드립니다.

이성헌 (대구 서문교회 원로목사)

세상을 보고 판단함에 있어 그 예리하고 논리 정연함이 남다른 목사님께 받은 사랑이 너무 많아 감당하기 힘듭니다. 집안 경제가 기울만한 어려운 법적 일을 변호해 안정을 되찾게 도와주셨고 힘없는 양들이 어려울 때 안전한 푸른 초원으로 인도하시며 예수 그리스도의 심장으로 양치기 하시는 모습을 항상 보았습니다. 그 사랑의 빚을 하나님께 갚아달라고 졸라보겠습니다. 남은 생애 주님의 은총으로 가득하기를 기도드리겠습니다.

오대원 (David Ross) (목사, 예수전도단 창설자, 미국 시애틀에서 목회)

목사님은 외국인 선교사로 예수전도단을 한국에 창설해 한국교회와 젊은이들에게 제자훈련을 시키시고 중보기도와 찬양의 대각성 운동 등 영적 부흥을 일으키고 주도해 주셨습니다. 그 중 한 제자인 제게 일찍이 영향력과 큰 감화를 주셨음에 깊은 존경과 감사를 드립니다.

이순배 선교사 (GMS 총회선교회)

중국선교에 여러 모로 격려와 도움을 주셔서 감사드립니다. 선교사님은 저희에게 오랫동안 날개 없는 천사였습니다. 마음 깊이 감사드립니다.

이해인 수녀

사랑에 빚진 자로 어떻게 주님의 사랑을 갚을 지 길을 묻고 있을 때 영혼의 시인을 만났습니다. 수녀님은 저를 베네딕트 수녀원으로 초대해 한 밤을 묵게 하고 갈멜 수도원 부원장인 친언니에게 이끌어 상담하도록 도와주었습니다. 자상하고도 친절한 모습은 제게 용기를 주셨으며 광주 보이스타운에 연결해서 중요한 첫발을 내딛게 해주신 것에 허리 굽혀 고마움을 표합니다.

정번일 교수, 배덕순 사모 (부산 시립교향악단원)

각 대학을 두루 다니며 제자양성에도 바쁘실 텐데 두 분은 늘 가난한 영혼을 품에 안고 사셨습니다. 상당량의 재산을 제게 맡겨 임자를 찾아 달라고 부탁하신 두 분의 삶은 작은 예수의 모습입니다.

정상화 (대구 문화방송 전 보도국장)

BBS 선도위원 70여명의 위원장으로 계실 때 대구 경북 전역 법무부 관할 청소년 선도에 모범을 보이시며 '평화의 집' 현판을 달아 주셨습니다. 항상 주위를 맴돌며 어려움을 지혜롭게 이길 수 있도록 조언을 아끼지 않으셨던 그 친절함에 감사드립니다. 안녕과 평안을 위해 늘 기도를 올리겠습니다.

정필도 (부산 수영로교회 담임목사)

제가 목사님 교회를 섬길 때 걸어 온 길이 결코 쉽지 않았을 것이라며 많은 격려를 해 주시고 특별히 목사님 내외분께서 저의 건강을 염려해 주셨던 것을 잊을 수 없습니다. 능동적이며 효율성 있게 일하도록 싫지 않는 흉을 많이 봐 주셨던 그 자상하시고 청렴하신 모습에 존경을 표합니다. 주님의 은총을 간구합니다.

최병국 선교사 (GMS 총회선교회 전 본부총무)

90년대 말, 중국 젊은이들과 탈북자들을 위한 선교에 첫 발을 내딛도록 친절하게 안내해 주시고 적극적인 자세로 훈련시켜 주셨던 일을 주님의 이름으로 감사드립니다.

중국 칭따오 예수님의 교회

이름 없이 묵묵히 주님의 사역에 헌신하는 칭따오 지역 예수님의 교회 형제자매들에게 넓은 중국대륙에서 충성스러운 한 알의 밀알이 되신 것을 감사드립니다. 그리고 주님의 사랑을 전합니다.

1부.

사랑의 가족

존경하는 아버지

"하나님 아버지 앞에서 정결하고 더러움이 없는 경건은 곧 고아와 과부를 그 환난 중에 돌아보고 또 자기를 지켜 세속에 물들지 아니하는 이것이니라" 야고보서 1:27

내 육신의 아버지 연세는 올해로 93세시다. 감사하게도 여전히 건강하셔서 하나님의 복을 많이 받으신 분이다. 일찍이 자수성가로 대지주가 되셨던 분으로 1945년 해방 후 자유당시절 토지개혁법이 시행된 후에도 만 여 평의 농사를 지으셨다. 아버지께서는 자신이 힘겹게 일을 하셨지만 이웃과 친척에게 늘 넉넉한 마음과 물질을 베푸셨다. 백부께서 일찍 돌아가셔서 큰댁 조카 셋이 어려운 형편에 놓이자 선뜻 논 7마지기, 밭 3마지기, 선산 하나를 양도해 주셨다. 사촌오빠를 오빠와 함께 읍내 중학교로 진학시키시고 해마다 알곡을 큰 댁 곳간에 가득 채워 놓으셨다. 작은 할아버지 댁에 아들이 없어 양자로 가셨는데 덕분에 양쪽으로 고모님이 아홉 분이나 생겼다. 농한기에 고모님들께서 다녀가시면 농사로 지은 작물을 달구지에 가득 실어 드렸다. 일가친척이나 사촌들 중에 토지나 집이 필요하다면 그 필요를 채워주셨고 학자금이나 사업자금을 빌리러 오면 더 얹어 주셨다.

"이것은 형편이 되면 갚고, 이것은 꼭 필요할 때 쓰고 갚지 않아도 되네."

그들의 대부분은 갚지를 못했지만 부친께서는 그들이 다시 도움을 청해도 변함없는 혜택을 주셨다. 또 고아가 된 친척아이들이 열 명이나 됐는데 살뜰히 거두시며 부모의 사랑 없이 자라나는 조카들이 집에 와서 있을 때면 불쌍하다고 부엌일도 거들지 못하게 하셨다. 혈육이 아니어도 당신 시야에 들어오는 모든 사람들의 필요가 마치 자신의 몫인 양 지나치지 않고 채워 주셨고, 궂은일을 하실 때에도 짜증 한 번 내지 않으셨다. 자라는 동안 아버지의 그런 모습은 어린 내 마음에도 감동을 주었고 아버지가 늘 존경스러웠다.

고향에 돌아가 6년간 농사를 지을 때였다.

첫 해에 함께 일했던 일꾼들이 마지막 해까지 6년 동안이나 우리 집에서 동고동락 했다. 아버지 진짓상에 고기반찬을 올려드리면 먼저 드시지 않고 반드시 일꾼 상에도 그 반찬이 올라갔는지 꼭 확인하시고 드셨다. 아버지께서 동네 이장 일을 맡으셨는데 언제나 반듯하고 공정하게 일을 해결하셔서 아무리 어렵고 해결이 곤란한 일이라도 아버지가 나서서 발언하시면 일이 순조롭게 진행되어 주위의 귀감이 되셨다.

나의 뿌리 나의 어머니

"여호와 하나님은 해요 방패시라 여호와께서 은혜와 영화를 주시며 정직히 행하는 자에게 좋은 것을 아끼지 아니하실 것임이니이다" 시편 84:11

내가 세상에서 가장 사랑하는 나의 어머니는 내 사랑의 단 뿌리시다. 내가 훗날 길거리에 내몰린 아이들을 찾아나서 작은 사랑이라도 나누며 그 가운데 뿌리를 내리고자 한 것도 그 단 뿌리에서 내가 태어났다는 확실한 믿음 때문이다. 올해 여든 다섯의 노인이시지만 아직도 나는 어머니 곁에 가면 사랑의 단 향기를 맡는다. 외조부께서는 일찍 일본으로 건너가 그곳에서 생활터전을 잡고 사업을 크게 하신 분이셨다. 외조부 댁에는 일꾼이 여러 명 있었는데, 그 중 성실하고 정직했던 마음에 꼭 들었던 한 청년을 사위로 삼으셨는데 그 분이 바로 우리 아버지시다.

일본에서 태어나 일본교육을 받고 자랐던 어머니는 결혼 후 아버지와 한국으로 이주하셨다. 한국의 언어와 문화를 잘 모르는 것은 당연했다. 아버지는 일본에 계시면서도 언젠가는 부모님을 모시고 고향에 돌아가 농사를 지으며 살겠다는 생각을 품고 계셨다. 그러다 고향 품으로 돌아오셨으니 농사일에 재미를 붙이고 힘이 나서 여러 일을 추진하셨지만 어머니에겐 여간 고단한 일이 아니었다. 낯선 문화와 환경에 적응할 틈도 없이 농사 뒷바라지 하랴, 부엌일 하랴, 대 식구 살림하랴 정신을 차릴 수가 없었다.

그럼에도 불구하고 단 한 번도 아버지를 원망하거나 불평하지 않는 순종 형으로 어떤 일도 묵묵히 감당하셨다.

약 한 번 못 쓰고 이유도 모른 채 네 명의 자식을 앞서 보내셨던 어머님은 자신의 슬픔도 감당하기 어려웠을 터이나 아들 셋 딸 셋에다 10명의 친척고아들까지 키우면서 평생을 근면하고 검소하게 사셨다. 자식들 학비가 모자랄 때면 귀중품이나 재봉틀을 내다 파시면서 뒷바라지를 하셨고 아버지께서 좋은 일을 하신다고 일을 벌려도 토를 전혀 달지 않으셨다.

소박하고 겸손하시며 물자도 아껴 쓰신 어머님은 초등학교 시절 내게 국방색 담요 한 장으로 겨울외투를 크게 만들어 주셨다. 내가 그 옷을 무려 6년 넘게 입었을 정도로 어머님은 가족과 자신의 삶을 절제하셨다. 대신 나머지 열정은 가난하고 소외된 자에게 쏟으시며 자신보다 형편이 좋지 않은 사람들을 섬기며 사는 것이 사람다운 바른 삶을 사는 길이라고 늘 강조하셨다. 홀로 계신 백모님 회갑 때는 조카들이 어려운 생활에 어떻게 선물을 하겠냐며 끼고 있던 반지의 디자인을 바꿔 선물해 드렸다. 대신 자신은 100원짜리 도금 반지로 만족해하시며 형제애를 보였다. 대구 서문시장에서 포목장사를 할 때도 거스름돈에 착오가 생기면 멀리까지도 가서 돌려드려 우리에게 정직한 어머니의 인상을 남기셨다.

내가 '평화의 집'을 섬길 때 아이들을 데리고 오면 "무엇 때문에 저런 거지들을 데리고 왔느냐?"고 묻지 않으셨고, 함께 살던 동생들이 명절에 인사차 찾아오면 뛰어나와 반기시면서 마치 친손자들 같이 사랑해 주셨다. 이웃을 사랑하고 아끼는 부모님의 삶 속에 묻혀 살다 보니 자연스레 나도 거리의 아들들을 섬기는 자의 자리에 서 있게 되지 않았나 싶다.

미국 캘리포니아 산호세에 오셨을 때 나라에서 돈을 받을 수 있도록 영주권을 신청하실까 여쭈어 보았더니, 부모님께서는 미국 정부에 세금 한 번 낸 일도 없는데 무슨 도움을 받을 수 있겠냐고 완강히 거절하셨다.

'평화의 집'에서 살다간 아이들이 직장에서 월급을 타면 통장을 만들어주고 성실하게 사는 법을 가르쳐 주셨다. 그 당시에는 걸인이 많던 시절로 그들이 집에 자주 구걸을 하러 왔는데 그때마다 쌀을 한 바가지씩 넉넉하게 퍼주셨다. 그래서 우리가 장사를 할 때 필요한 물품을 구입하거나 옮겨야 할 때면 걸인들이 너나없이 달려와 도와주었다. 나병환자들은 우리 집이 도움을 많이 주는 집이라고 해서 때로는 동냥이 아닌 우리 식구들을 구경하러 오기도 했다.

가정에 몰아닥친 한파

"사람마다 우준하고 무식하도다. 금장색마다 자기의 조각한 신상으로 인하여 수치를 당하나니 이는 그 부어 만든 우상은 거짓 것이요 그 속에 생기가 없음이라" 예레미야 10:14

부모님께서는 큰소리 나게 싸우는 모습을 거의 보이지 않으셨는데 아버지의 성품도 좋으셨지만 어머니께서도 잘 참으셨기 때문이다. 아버지는 매사에 당당했고 어머니는 남편을 신뢰했다.

그런 우리 집이 참 평안하고 행복하다고 느꼈지만 도시에서 시골로 들어가서 살았던 6년 동안은 참 힘겨운 생활이었다. 태어난 4명의 동생 중 3명이 죽는 일을 겪은 것인데, 동생들이 아장아장 걸을만하면 잠을 자다가 경기를 하면서 죽었다. 부모님께서 가슴에 자식을 묻고 애통해 하시는 바람에 집안은 늘 초상집 같았다. 허리가 아파 몸을 잘 못 움직이시는 어머니를 대신해 나는 동생들을 돌보며 점차 웃음을 잃어버렸다. 차가운 땅에 묻어놓고 온 동생이 안아주면 다시 살아날까 싶어 소꼴을 뜯거나 나물을 캐러 갈 때면 돌무더기를 많이도 파헤쳐 보았다.

연년생으로 동생들을 낳으신 어머니는 해산 때 허리를 심하게 트는 바람에 허리를 못 쓰셨다. 자식으로 인해 고통 받으며 마음은 만신창이가 되었고 허리 통증이 심해 병원에 가면 마땅한 처방조차 없어 가망이 없으니 그냥 집에 돌아가 쉬라고만 했다.

"대희야, 네가 선산에 올라가서 숙모 묘 자리를 봐 놓아라."

아버지는 사촌오빠에게 장례 준비까지 시킬 지경에 이르렀다. 가난한 자를 돌보며 겸손히 사신 어머니지만 일본에서 가져 온 우상숭배는 버리지 못하셨다. 외조부께서는 일본에서 절을 두 개 지을 정도의 불자라고 하셨다. 어머님은 일 년에 두 번은 굿 잘하는 무당을 부산에서 데려다가 칼춤을 추게 하고 고사를 지내며 우상을 섬겼다. 아침이면 '정수'라며 물을 떠서 장독에 올리고 손을 비볐으며 팥죽을 쑤거나 무슨 음식을 만들면 여기저기 뿌려댔다. 농사를 지으면 대들보 밑에 알곡을 가져다 놓고 절을 했으며 못 하나를 박아도 '손 없는 날'이라며 날을 골라서 박았다. 동생들을 잃고 어머님의 육신적인 고통까지 겹쳐 고생하는 바람에 우리 식구들은 그야말로 동지섣달 얼음바람 앞에 선 벌거숭이들 같았다.

2부.

내 길을 예비하심

1. 나의 어린 시절
2. 울지 못한 사연
3. 천대받는 부엌데기
4. 날 찾아오신 아빠

나의 어린 시절

"그가 이르되 날이 새려하니 나로 가게 하라 야곱이 이르되 당신이 내게 축복하지 아니하면 가게하지 아니하겠나이다."
창세기 32:26

내 나이 세 살 때였다고 한다.

어린 것을 데리고 가면 장을 본 물건을 들고 오기 힘들기 때문에 어머님들은 시장에 가면서 아이들을 집에 두고 가는 일이 흔했다.

"너 엄마가 돌아올 때까지 꼼짝 말고 있어야 한다. 절대 딴 데로 가면 안 돼!"

어머님은 내게 이렇게 이르며 바깥 대문을 잠그고 나가셨다는데, 한참 만에 돌아와 보고 깜짝 놀라셨다고 한다. 내가 앉았던 자리에 꼼짝도 않고 그대로 앉아 오줌을 싸놓은 채 미련하게 기다리고 있었기 때문이었다.

"만약에 불이 났더라면 네가 봉변을 당했겠구나. 이런 고지식하고 고집 센 것이 있나! 앞으로 네게 이런 말은 절대 못하겠다."

놀란 어머니는 그때 그런 결심을 하셨다는데, 돌이켜 보면 평생 아빠만 바라보다 미쳤다는 말까지 듣게 된 고지식한 순종파인 내 인생 여정을 미리 보여주신 것이 아닌가 싶다.

울지 못한 사연

'한 집에 두 명 하면 한 명은 죽는다.'

옛날에는 동네에 홍역이 돌면 이런 말이 돌아 다녔다. 연년생인 남동생과 내가 홍역을 하게 되자 부모님께서는 어차피 한 명은 죽는다고 생각하셨는지 나보다는 아들을 살려야겠다고 생각하셨다. 남동생을 업고 병원에 다니며 나는 방 안에 밀어놓고 돌아보지도 않으셨다는데 웬걸, 병원에 다니던 동생은 죽고 나는 살아났다. 그 일은 깊은 상처를 받은 아버지의 노여움을 불러 일으켜, 내게 젖을 몰래 먹이려던 어머니에게 고함을 치셨다고 한다.

"그 놈의 계집애 또 우나! 내다 버려라."고 하셨단다. 나는 원래 잘 울지도 않았다지만 '울면 내다 버리라'는 말에는 더 울지 않았다고 한다. 그러나 내가 태어나고부터 하는 일마다 잘 풀리자 곧 '복덩이'라고 불렀다고 하니 나는 하늘의 복을 옮겨 놓으려고 태어난 운명이었나 보다.

천대받는 부엌데기

"사람이 젊었을 때에 멍에를 메는 것이 좋으니 혼자 앉아서 잠잠할 것은 주께서 그것을 메우셨음이라"
예레미야애가 3:27-28

일본에서 출생해 성인으로 한국에 시집오신 어머니는 한국말을 못하는 것은 물론 한국문화와 일상이 서투르셨다. 나는 그런 어머니께 '어머니, 어머니 우리 어머니, 바둑아, 바둑아 이리 오너라' 등 한국말을 가르쳐 드렸다. 어머니는 대 식구를 거두며 익지 않은 살림을 배우느라 어지간히 마음고생을 하셨는지 맏딸인 나에게 일찍 살림을 가르치려고 무척 애를 쓰셨다. 내가 결혼해 잘 살기를 바라셨던 부모님은 나를 5학년까지만 가르치고는 대가족 살림의 부엌일을 맡겼다. 병석에 있는 어머니 대신 동생들을 돌보며 한 해 두 해 미루다 중학교도 가지 못한 채 부엌데기로 들어앉게 되었다.

아빠께서 나를 쓰시기 위해 그토록 혹독한 훈련을 시키며 내 길을 예비하셨나 보다.

대가족이던 우리 집은 우리 식구 일곱 명에다 외사촌, 이종사촌, 친사촌 등 열 명의 친척고아까지 더불어 살고 있었다. 그리고 큰집 식구와 일꾼들, 특히 농한기에는 아홉 분의 고모님들이 손자손녀까지 데리고 오셨다. 먹어 치우는 양도 어마어마해 일주일이 못돼 보리쌀 50kg와 80kg 쌀 한 가마니가 거뜬히 사라졌다.

나는 가사를 모른 척하는 친척들에게 도움을 청할 생각도 않고 허리가 아픈 어머니의 도움도 기대할 수 없었다.

나의 하루는 이른 새벽에 눈을 뜨자마자 공동우물로 가서 물을 일곱 짐을 지어다가 물독에 붓는 것으로 시작했다. 그리고 부친이 끓일 쇠죽을 미리 앉혀드리고 보리쌀을 삶아 조반을 지었다. 아침 참 점심참으로 수제비나 국수를 밀고 때때로 묵이나 떡도 만들었다. 밀주도 많이 담갔으며 겨울에는 고구마나 감자를 삶았는데 그 양이 엄청 났다. 밭으로 찬거리 준비를 하러 가면서 짬이 날 때는 들로 나가 소 꼴도 베었다. 타작을 하는 날에는 새벽 참까지 곁들여 여섯 끼를 준비했으니 그야말로 밥 먹을 겨를도 없이 밤늦도록 일만 했다. 짚 더미에 머리만 갔다 대도 곯아떨어지던 시절이었다.

'혹시 내가 친자식이 아니고 주어 온 것은 아닐까?'

너무 나를 혹사시키는 부모님이 의심스러워 가끔 이런 생각도 했지만 나는 불평할 생각조차 못하고 억척스럽게 주어진 일을 해냈다. 유일한 낙이 있다면 비가 오거나 눈이 와서 바깥일을 할 수 없을 때, 일군들 밥을 얼른 해놓고 잠시 틈을 타서 동네학당에 가서 천자문을 비롯한 한문을 공부하는 일이었다. 그러면 막혔던 숨통이 조금은 트이는 것 같았다.

나를 찾아오신 아빠

"주께서 생명의 길로 내게 보이시리니 주의 앞에는 기쁨이 충만하고 주의 우편에는 영원한 즐거움이 있나이다."
시편 16:11

그렇게 힘겨운 나날을 보내는 동안 어느덧 열다섯 살이 되었다. 오빠 한 명이 있긴 했어도 죽은 동생들 생각에 마음이 죽은 자 같았다. 앞날에 희망은 없고 삶의 회의가 들어 처지를 비관하며 방황하던 어느 날, 옆집에서 부르는 찬송가 소리가 들려왔다.

십여 년 예수님을 섬겨온 가정으로 수요일과 주일이면 어김없이 가정예배를 드려온 집이었다. 그동안 수없이 들었던 소리였는데 새삼스레 그날따라 내 귀에 생생하게 울린 것이다. 그 날부터 내게 새로운 소망이 생겼다. 옆집 예배 보는 시간을 기다리다 담 밑에 붙어 서서 가만히 찬송을 듣는 기쁨이 나를 소생시킨 것이다.

그 노래를 듣고 있으면 마음이 지극히 평안해져 나는 그들이 부르는 노래가 대체 무엇인지 궁금해지고 그들이 드리는 예배에 가보고 싶은 충동이 일었다. 어머니께 간신히 허락을 받고 두 번째 참석을 했을 때였는데 무슨 연유인지 자꾸 눈물이 났다. 그날 밤 어쩐지 기도라는 것이 하고 싶어졌다. 나는 그날 밤 내내 울면서 되지도 않는 말이지만 진실로 기도라는 것을 드리며 온밤을 지새웠다. 돌이켜보면 성령님께서 내 마음을 감동케 하신 일인데 그 후로 말로 표현할 수 없는 놀라운 평안과 기쁨이 내게 가득 찼다.

'무슨 일이 있어도 이 좋은 예수님을 내가 꼭 믿어야겠구나!'

이렇게 굳은 결심을 한 나는 다음날 아침 일찍 어머니께 달려갔다.

"어머니, 제가 예수님 믿는 것을 허락하시면 평생 시집도 가지 않고 어머님의 종으로 머슴처럼 일하면서 살게요."

어머님은 나의 갑작스러운 제안에 깜짝 놀라 역정을 내시면서 딱 잘라 거절하셨다.

"내가 너를 공주로 모셨으면 모셨지 그것은 절대로 안 된다. 어떻게 한 집에 두 개의 신을 모신단 말이냐?"

그날부터 평생 우상을 섬겨오던 어머니의 핍박이 시작되었으나 그래도 나는 어머니 눈을 피하고 어머니의 코고는 소리가 나면 몰래 옆집으로 갔다. 그 집에서는 아무리 늦어도 나를 기다렸고 나는 감사로 예배를 드린 후, 뚫어 놓은 문창호지 구멍으로 어머니가 깊이 잠들었으면 문을 열고 들어오곤 했다. 어쩌다 눈을 뜨신 어머니가 왜 아직 안 자느냐고 꾸중을 하셨는데, 나는 가슴이 철렁한 채 변소에 갔다 왔다는 등 핑계를 댔다.

나는 일 년이나 그렇게 몰래 예배를 드렸다.

부모를 도저히 이길 자신은 없어지고 계속 숨어서 믿는 일도 보통 힘든 것이 아니었다. 그러다 보니 더 이상 이렇게 살 수는 없어 온 가족이 지옥을 가느니 차라리 내가 지옥에 가더라도 가족 모두 천국에 가도록 천국을 소개해야 할 시간이 온 것 같았다. 방법은 내가 자살을 하면 놀란 가족들이 예수님을 믿게 되지 않을까 싶어 유서를 썼다. 자살하면 지옥에 간다고 믿고 있었기에 '나는 비록 지옥에 가지만 부디 예수를 믿어 천국에 가라'는 내용이었다.

평안과 안식을 주신 예수님이 너무 좋아서 예배도 마음껏 드리고 그 이름도 마음껏 부르고 싶어 안달이 났던 나는, 화장실이든 부엌에서든 어디를 가든 유서를 가슴에 품고 다녔다. 그리고 내가 가장 좋아하는 '내주를 가까이 하려 함은' 이 찬송을 늘 조용히 부르며 다녔다. 하루는 눈치껏 찬송을 속으로 부르는데 어머니께서 무엇을 종일 흥얼대느냐며 크게 야단을 치셨다.

나는 그동안 참았던 설움에 겨워 홧김에 집을 나가 큰 웅덩이의 고인 물이 깊다고 믿은 논을 향해 달렸다. 단숨에 그곳으로 달려간 나는 아무 생각도 없이 백주대낮에 무조건 그 물에 몸을 던졌다. 그런데 웅덩이는 생각보다 깊지 않아 나는 목까지만 잠겼고 따라온 사촌오빠가 나를 쉽게 끌어냈다. 내 딴에는 목숨까지 버릴 각오로 대 난동을 부렸지만 그 사건은 빛을 보지 못했고 여전히 부모님은 예수님에게 관심도 없고 내가 믿는 것조차 허락하지 않았다. 성경책 한 권 사 보려고 무진 애를 썼건만 그 소박한 꿈마저 결국 이루지 못하자, 나는 우리 집에는 하늘의 아빠를 모실 자리가 없는 것이 점점 더 괴로워지면서 아빠를 더욱 그리워하게 됐다.

그런데 언제부턴가 아빠는 내가 그런 좌절 속에서 있을 때마다 '괜찮다, 네가 나를 얼마나 사랑하는지 내가 다 안다'고 속삭이며 어루만져 주셨다.

그런 아빠의 기운을 매 순간 느끼고 그 말씀에 힘을 얻고 위로를 받은 나는 다시금 기쁨과 평안을 누렸다. 이러한 일들은 육신적으로는 고달팠지만 내 영의 눈은 매일 더 밝아지는 경험이었다.

3부. 핍박속의 역사

1. 가출
2. 아버지의 변화
3. 특별 보호구역
4. 고난의 길
5. 깊은 샘 예수원

가 출

"내 영혼이 주께로 피하되 주의 날개 그늘 아래서 이 재앙이 지나기까지 피하리이다." 시편 57:1

내가 사는 곳은 사방이 산으로 둘러싸인 산골이었다.

감수성 예민한 열다섯 살 나이에 힘없이 핍박 속에 예수님만 바라보고 산다지만 그토록 갖고 싶은 성경책 하나 가질 수 없는 형편은 나를 자주 괴롭혔다. 그럴수록 열심히 예수님을 마음껏 자유롭게 믿으며 사는 날이 오게 해달라고 간절히 기도했다. 신문이든 어디든 '예수'라는 두 글자만 보이면 무조건 오려두며 지내던 어느 날 꿈을 꾸었다. 친구 월림이가 찾아와서 심부름을 왔다고 했다.

"예수라는 사람이 이 동네에서 자신을 제일 좋아하는 애가 있다는데 가서 그 애를 데리고 오라."고 했다는 것이다.

"월림아, 낮에는 못 가니 엄마 주무시면 갈게."

그 말을 마치자 잠에서 깬 나는 옆집 집사님께 달려가서 꿈 이야기를 했다.

"걱정 마라. 하나님이 너를 집에서 불러내는 상황이 곧 올 것이다."

내가 집을 나갈 수 있도록 예수님께서 일을 꾸미시겠다고 말해주는 꿈이라고 했다. 그래서 혼자 신이 나서 은근히 무슨 일이 터지기만 기다리던 어느 날, 어머니께서 나를 부르시더니 기막힌 말씀을 하셨다.

"한 집에 신을 둘을 모실 수는 없다. 만일 그래도 네가 정 예수를 믿고 싶다면 당장 집을 나가거라! 예수 믿는 사람 중에 부자가 많다던데 네가 일도 잘 하니 차라리 집을 떠나는 것이 좋겠다.”

오직 내 마음에 예수님 생각밖에 없던 터라 나는 내 귀를 의심했다. 나는 언젠가 이런 때를 위해 준비해 둔 보따리가 있었다. 몇 가지 필요한 옷 나부랭이와 속옷을 담은 그야말로 괴나리봇짐인데, 나는 ‘때는 이때다’ 싶어 그것을 들고 무작정 밖으로 나왔다.

수중에는 언젠가 이런 날을 위해 옆집 집사님께서 쌀 한 말을 받고 만들어 주신 돈 380원이 있었다.

내가 짐을 들고 어머니 앞으로 지나가자 어머니는 기절하실 만큼 놀라며 힘이 센 사촌 언니를 큰 소리를 부르셨다. 그냥 한 번 협박을 해보려고 해 본 말인데 진짜로 딸이 짐을 들고 나서니 정신이 번쩍 드신 것이다. 나를 잡아 오라는 어머니의 고함소리를 뒤로하고 나는 죽기 살기로 달아나기 시작했다. 마음속으로 ‘나 좀 이기게 해달라고’ 애절하게 기도하며 보따리를 뺏으려는 언니의 손을 결사적으로 뿌리치고 기어이 도망쳤다.

막상 길을 나섰으나 갈 곳이 없어 쭈그리고 앉았는데 문득 고아들이 많고 누구나 받아 준다는 용문산 기도원 생각이 났다. 무작정 그곳을 목적지로 정하고 어렵게 물어 막차를 타고 가보니 거기는 기도원이 아니라고 했다.

깜깜해지자 겁이 난 나는 지나가는 사람에게 이 마을에 혹시 교회에 다니는 사람이 있느냐고 물어보았다. 그랬더니 어느 권사님 집을 알려주어 찾아간 내가 사정을 말씀드리니, 우선 자기 집에서 머물라고 했다. 거기 머무는 동안 부엌일은 물론 양말을 꿰매 드리는 등 집안일을 어려움 없이 척척 해내자 만족하신 권사님께서는 나를 손부 며느리가 되어 달라고 하셨다.

나는 예수님이 좋아서 여기까지 온 사람인데 만일 이렇게 살다가는 그대로 붙잡힐 것만 같았다. 밥도 먹지 않고 잠을 자는 둥 마는 둥 날 밝기만 기다리던 나는 아침이 되자 권사님께 큰 절을 올리고 집을 나섰다. 걷는 동안 마침 같이 걷던 분이 싸온 찰밥을 나누어주어 요기를 하고 걸을 수 있었다. 더 이상 걸을 수 없을 정도로 캄캄해지면 남의 집 으슥한 헛간 같은 데서 눈을 잠깐 붙이고 날 밝기가 무섭게 다시 일어나 걸었다. 무작정 나섰지만 무섭고 두려운 마음은 사라지고 어디서인지 모르게 용기가 솟았다. 온 발이 부르트는 갖은 고생 끝에 사흘 만에 용문산 기도원에 당도한 나는 드디어 그곳 서점에서 한자 성경을 사게 됐다. 나는 하도 좋아서 그 후론 품에 안고 자며 시간만 나면 품고 다니며 읽었다. 나흘 동안 먹지도 못하고 성전 마룻바닥에서 지내고 있는데 하루는 초췌해진 내 모습을 본 어떤 수도사가 다가와 자기 집으로 가자며 간청했다.

"나는 괜찮습니다. 예수님의 이름만 부르면 됩니다."

내 말에 협박 비슷하게 그가 말했다.

"사정이 있어 보이나 꼭 알아야 될 것이 있다오. 두 달 후면 노방전도를 나가야 하는데 먹지 못한 사람은 영양실조로 낙오도 되고 때로는 행여 병자로 사망도 한다오. 그러면 시체도 못 찾는 불쌍한 꼴이 되는 경우도 있으니 잘 생각하시오."

다음 날 내게 다가 온 그 수도사는 나의 보따리를 들고 앞장서서 걸어갔다. 그가 전날 한 말에 적지 않은 충격을 받은 나는 어쩔 수 없이 그를 따라가 보니 그의 부모님 집이었다. 기도하는 사람들을 위해 숙식을 제공하는 곳으로 27명의 밥을 모친이 혼자 감당하고 있었다. 부엌일을 돕는 일에만 매달리다 보니 이러다 예수님을 놓칠까 봐 마음이 아프고 눈물이 마르지 않았으나 살기 위해서는 그곳에서 견뎌내야 했다.

집회는 하루에 새벽, 낮, 저녁 세 차례가 있었지만 매끼마다 설거지를 다 끝내고 가야 하는 나는 한 번도 제때에 갈 수 없었다. 일을 하느라 집회 종소리를 들어도 갈 수가 없자 매번 울리는 종소리는 내 마음을 저미도록 아프게 했다. 어느 날 밤 종소리를 들은 내가 하숙집 주인 할머니께 말씀을 드렸다.

"할머니, 새벽종이 울렸어요."

"얘야, 지금은 한 시다. 새벽 기도 시간에 깨워 줄 테니 어서 자거라."

조금 후에 또 종소리를 듣고 나는 다시 할머니께 말씀 드렸다.

"이제 겨우 두 시다."

다시 한 시간 후에 종소리를 들었을 때 할머니께서 그제야 내가 하늘의 종소리를 들은 줄 알고 말씀하셨다.

"네가 범상치 않구나! 네가 천종 소리를 듣는구나. 다시 종소리가 울리거든 나를 깨우지 말고 바로 무릎을 꿇고 앉아 '주의 종이 듣겠사오니 말씀하소서!'라고 아뢰고 하나님을 조용히 기다리고 있어라."

그 후에 언제나 그 종소리를 들으려고 내 귀를 하늘에 고정시켰지만 그 후에는 한 번도 듣지 못했다. 그리고 할머님께서는 부모마음은 그렇지 않으니 고향으로 돌아가 부모님께 사정을 알리고 학자금을 받아와서 성경학교와 신학을 공부하라고 하셨다. 나는 그 말에 마음이 움직여 보름 후에 기도원을 떠나 힘겹게 다시 고향에 돌아갔다. 고향으로 간 나는 먼저 옆집 집사님 댁에 들렀다. 그 집사님은 나를 보고 깜짝 놀라시며 아버지 쪽 친척들이 어리고 착한 것을 내쫓았다며 어머니를 구박하는 둥 집에서는 난리가 났었다고 했다.

"장롱 밑에 넣어 둔 돈이 가득한 것을 알 텐데 한 푼도 안 가지고 엄동설한에 어린 것이 어찌할꼬……"

아버지도 한숨으로 같은 말만 되풀이 하시면서 밤낮 딸 걱정으로 정신이 없다고 했다. 낮이면 온 데를 찾아 헤매시다 밤이면 전등을 들고 여기저기를 뒤지고 다니시며 잠을 이루지 못한다고 했다. 이런 저런 이야기를 듣자니 울컥 부모님이 그립고 죄스러워 가슴이 아팠다. 용기를 내어 집에 들어서자 나를 본 어머니께서는 마치 죽은 딸이 살아온 양 기뻐하셨다. 아버지도 기가 막힌 지 야단을 치지 않고 따뜻하게 맞아 주셨다.

"잘 왔다. 잘 왔어! 어서 들어오너라."

그러나 찾아올 때 부모님에 대한 죄송스러운 마음과는 달리 나는 또 예수님을 자유롭게 믿고 싶다는 생각으로 가득 찼다.

"저는 들어갈 시간이 없습니다. 막차 타고 다시 갈 것입니다. 어머니 얼굴 한 번 뵈었으니 이제 됐습니다."

"애, 월순아! 네가 다시 가지만 않는다면 네가 하고 싶어 하는 거 다 해줄 테니 제발 도망만 가지 마라."

"그러면 제가 예수님 마음대로 믿게 허락하시겠습니까? 그리고 어머니와 오빠랑 동생들도 다 예수님을 믿겠습니까? 그러면 여기 있겠습니다."

말도 안 되는 줄 알지만 억지를 부렸는데, 어머니 또한 나를 붙잡아 놓으려는 다급한 마음에 내 청을 엉겁결에 허락하셨다. 내가 도망가던 날, 내가 얼마나 아프게 때렸는지 사촌언니는 보름이 지났는데도 팔에 멍이 시퍼렇게 들어있었다.

우리가 사는 경북 예천군 용문면 노사동에서 교회를 가려면 유천면에 있는 면 소재지까지 3킬로를 걸어 나와야 했다. 드디어 아버지를 제외하고 동생들을 포함한 온 식구들이 교회에서 예배를 드리게 됐는데, 예배당에 끌려 나온 어머니께서는 구석진 자리에서 고개를 숙이고 억지로 앉아 계셨다.

어머니가 세 번째 교회에 참석했을 때였다.

척추가 몹시 아프고 바닥이 가시방석처럼 찌른다며 마치 얼음판에 앉은 것 같이 춥고 떨린다고 하시더니 그날 어머니께 놀라운 성령의 역사가 일어났다. 예배 도중에 회오리바람 같은 것이 어머니의 허리와 귀 옆을 스쳤다는데, 병원에서도 포기했던 그간의 고질병인 허리가 완전하게 나아버렸다. 그렇게 오래 아프던 허리가 거짓말처럼 낫자 어머님의 태도가 달라지셨다. 단숨에 아빠의 존재를 인정하고 믿게 된 것이다. 가출까지 해가며 그토록 간절하게 딸이 믿던 하나님이 진짜 신이라는 사실을 아신 것이다. 집에 돌아오신 어머님은 그 길로 그동안 애지중지 모시던 신주단지를 깨버리고 부적과 우상들을 불태우셨다. 그리고 자신에게 일어난 놀라운 사실을 동네에 이야기하며 하나님을 간증하는데 열심을 다했다. 목욕탕에 가서 다른 사람의 등을 밀어주면서도 자신의 아버지는 절 두 개를 지을 만큼 대물린 철저한 불교신자였는데 지금은 예수님 믿고 아픈 허리가 다 나았다고 힘을 다해 여러 명씩 전도했다.

예수님께서 일에 지치고 소망 없이 살아가던 한 소녀에게 찾아오시고 우리 가족에게도 천국의 기쁨과 소망을 주신 것이다. 핍박 속에서도 담대하게 인내하며 신앙을 지키고 어려움을 이겨낼 수 있게 해 주셨을 뿐 아니라 구원의 큰 선물을 가족들에게 안겨주시니 얼마나 감사한지 눈물이 절로 나왔다. 늘 동행하시며 평안과 기쁨으로 나를 지켜주시는 사랑이 고마워 흘리는 감격의 눈물이었다. 율법적으로 무섭고 근엄하신 아버지 대신 나는 부드럽고 가깝게 다가오시는 하나님 아버지를 '아빠'라고 부르기 시작했다.

아버지의 변화

"주 예수를 믿으라. 그리하면 너와 네 집이 구원을 얻으리라"
사도행전 16:31

자유당 말기에 소작을 주고 있던 아버지는 땅 주인이 농사를 지어야 하는 법이 생기자 땅 소유문제 때문에 가산을 정리해 땅이 있는 시골로 들어가셨다. 몇 년 후인 내가 열여덟이 되는 해에 우리 가족은 시골의 가산을 정리하여 대구시 서문교회 부근으로 이사를 왔다. 달성동 인동촌 시장에 점포 두 개를 얻어 쌀, 연탄, 잡화 등을 팔며 살았는데, 예수님의 살아계심과 기적을 체험했던 나는 좀 더 깊이 있는 공부를 하기 위해 경북 고등성경학교에 입학했다. 어머니와 나는 새벽기도, 낮 예배, 저녁예배를 한 번도 빼놓지 않았고 나는 언제나 막내를 데리고 교회에 다녔다.

하루는 새벽기도회를 가려는데 아버지께서 그날따라 역정을 내셨다.

"무슨 교회를 하루에 세 번씩이나 가느냐? 교회 가는 길에 불량배도 있고 아직 캄캄한 밤인데 위험해서 오늘은 못 간다!"

낮에 학교 가는 것도 교회 가는 것으로 아시고 으름장을 놓으셨다. 아버지를 거역하기가 겁이 나서 나는 어떻게 해야 할지 몰라 이층으로 올라가서 계속 '아빠'를 찾으며 길을 알려 달라고 기도했다. 순간 아래층에 있던 막내 여동생이 악을 쓰며 울기 시작하고,

아기를 달래려던 어머니마저 갑자기 전신을 부들부들 떨더니 넘어지시자 아버지가 이층에 있던 나를 고함쳐 부르셨다. 내려가 보니 아기 눈동자가 돌아가 있고 전신을 비틀면서 울고 있어 식구들 모두 당황해서 어쩔 줄을 몰랐다.

"어머니, 왜 그러세요?"

놀란 내가 달려가 어머니 팔을 잡는 순간 나도 똑같은 증세로 넘어졌다. 너무도 엄청난 사건에 다급해진 아버지께서는 어디에 구원을 청할지 몰라 발을 구르시다가 급히 교회로 달려가셨다.

"보이소, 우리 집 식구들이 이 교회에 다니는데 식구들이 다 죽어가고 있으니 빨리 살려 주이소."

아버지께서는 교회로 가셔서 통사정을 하셨다는데 맨발이었다고 한다. 그때 아버지를 만난 분은 기독교 서점을 하시는 장로님으로 우리 구역 구역장이었다. 이미 내가 핍박 받는 것 등 우리 집 사정을 잘 아시는 믿음이 신실한 분이셨다.

"어르신, 저희가 가서 예배를 드리고 만일 어르신 가족을 낫게 하면 예수님을 믿으시겠습니까?"

아버지는 당장 넘어져 있는 가족들 생각에 낫기만 하면 예배당에 다닐 것이라고 그 자리에서 맹세했다. 장로님과 예배를 드리는 도중 어머니와 동생은 물론 나도 거짓말처럼 정상으로 돌아왔다. 신기한 기적을 눈앞에서 보신 아버지께서는 약속대로 교회에 다니기 시작하셨는데, 주일이면 어머니와 나의 극성에 가기 싫으실 때도 억지로 따라 나서곤 했다.

한 번은 공업고등학교를 다니는 남동생이 전축 만드는데 진공관과 부속품을 사야 한다기에 필요한 돈을 주었다. 학교에 갔다 와 보니 집안이 또 난리가 났다.

동생의 눈이 돌아간 채 사지를 뒤틀면서 신음하는데 그 아래 남동생도 똑같이 배가 아프다며 배를 움켜쥐고 뒹굴었다. 아들 둘이 방 안을 헤매니 아버지는 두 번째 겪는 일이라 더욱 놀라서 나를 찾으셨다.

"얘들아! 너희들 무엇을 잘못했노? 어서 누나를 불러야겠다."

"재섭아, 무슨 일이 있었니?"

"누나야, 문방구에 가 보니 진공관이 2개 밖에 없어 못 사고 나오는데 포장마차에 맛있는 것이 보여 사 먹었어. 누나야, 미안해."

내가 동생들에게 달려가 묻자 큰 형이 이렇게 답하며 울먹였다. 진공관 재료비로 준 것을 잘 못 썼다는 형의 말에 옆에 있던 동생도 울면서 고백했다.

"아버지, 미안해요. 아버지께서 점포 보라고 하시면 날계란도 훔쳐 먹고 사이다도 몰래 마셨어요. 정말 죄송해요."

둘이 누워서 한바탕 회개기도를 하고 나니 조금 있다가 모두 정상으로 돌아왔다. 그 후 내가 교회 일을 보면서 나온 사례비로 아버지께 용돈을 조금씩 드리면, 아버지는 엄마에게 교회에서 나오지 않은 돈으로 바꾸어 받았다. 예배당에서 나온 돈으로 담배를 사고 탁주라도 한 사발 들이키면 죄가 될까 봐 그런다고 하셨다. 부족한 종의 집에 서서히 아빠의 빛이 들어오니 모든 가족이 하나님을 공경하며 신앙생활을 하는데 점차 자리가 잡혀갔다. 할렐루야!

특별 보호구역

"이로 인하여 무릇 경건한 자는 주를 만날 기회를 타서 주께 기도 할지라, 진실로 홍수가 범람할지라도 저에게 미치지 못하리이다" 시편 32:6

열아홉 살 여름방학 때 호렙산 기도원으로 기도를 하러 올라갔다. 저녁 집회 시간에 고 허경필 목사님은 말씀도중 성령님 말씀을 대언하셨다.

"오늘 밤에 산에 나가서 기도하는 사람은 모기가 물지 않는다고 합니다."

집회가 끝나자 모두들 산으로 올라가 흩어져 있는 여러 바위로 가서 기도하기 시작했다. 기승을 부리는 산모기가 물지 않는다니 얼마나 평안하던지 기도가 술술 나왔다. 그런데 얼마 지나지 않아서 옆의 분들이 슬슬 자리를 뜨기 시작했다. 귀 기울여 보니 악명 높은 산모기가 앵앵거리며 내 둘레를 맴돌면서 사정거리 안에는 들어오지 못하고 소리만 내고 있었다. 아빠의 특별한 보호 아래 행복한 기도시간을 가진 후 아침에 목사님을 만나 말씀 드렸다.

"과연 어젯밤에 모기가 물지 않았습니다."

"그 말씀 황양 때문에 하셨구먼!"

좋으신 아빠의 특별한 보호구역에서의 경이로운 기도시간을 보낸 후, 그 밤에 나를 에워싸며 사랑하신 아빠의 임재로 인해 감격에 잠겼다.

고난의 길

"고난당한 것이 내게 유익이라 이로 인하여 내가 주의 율례를 배우게 되었나이다." 시편 119:71

성경고등학교를 졸업하고 전도사로 사역을 하자니 치마저고리가 필요했다. 옷이 필요하다고 말씀 드리니 아버지께서 거절하셨다.

"네가 전도사 하면 시집 안 가려고 그러지? 절대로 못해준다."

"제가 시집 안 가는 것이 아니고 마음에 드는 사람이 있으면 갈 것입니다."

"그러면 일 년만 하고 오너라. 일 년하고 와서 결혼 준비하겠다고 약조해라."

그럴 자신은 없었지만 출발을 해야 하니 약속을 했다.

나는 경북 의성과 김천지역에서 두 교회를 섬겼는데, 두 교회 목사님께서는 아주 대조적이셨다. 총회장을 역임하셨던 고 이봉학 목사님은 내가 사임할 때 보낼 수 없다며 금식을 하며 나를 붙잡았다. 그러나 김천지역 어느 목사님은 부임 3개월이 지날 때 새벽기도 시간에 다가와 돈 2000원을 건네며 오늘 당장 교회를 떠나라고 통보했다. 나중에 안 이야기지만 그 목사님은 12년 시무하던 전도사를 내쫓고 사모님을 앉히려는 목적에서 23세의 어린 나를 계획적으로 데려왔다고 했다. 그야말로 숨 쉬는 것도 간섭을 하고 온갖 험담으로 얼마나 악하게 했는지 전도사 일이 만일 이런 것이라면 평생 그 일은 하고 싶지 않았다.

열심히 두 교회를 섬기던 나는 아무래도 나이도 어리고 부족한 점도 많다고 느껴 서울로 올라가 총회신학대학에서 개설한 한국여자 신학교에 입학했다. 어떤 교회 목사와 동기라는 여전도사가 싸움을 하자 그 동안 여학생은 받지 않다가 여자만을 위해 새로 생긴 학교였다. 일 년을 그곳에서 공부하면서 전도사 대신 집에서 부모님께서 몸소 보여주신 대로 고아원을 하는 것이 더 나을 것 같았다. 부모님께서는 교회보다 탁아소를 한다고 하니까 거금 200만원을 흔쾌히 주셨다. 낮에는 일을 하고 밤에는 서울 신학교에 편입하여 공부를 하고 있는데 집에서 연락이 왔다. 신랑감으로 아버지 친구 분의 조카가 있는데 기술자이며 아주 좋은 사람이라며 집으로 내려오라고 했다. 오빠는 대학까지 보냈는데 중학교를 안 보내신 것에 대해 아버지는 늘 미안해하며 내게 사랑을 많이 보이셨다. 하지만 하나님께 서원했던 것이 있어 결혼하면 약속을 지키기 어려워지겠다 싶어 집으로 갈 수가 없었다. 아버지께서는 결혼한다고 약속을 해놓고 대답도 안 하고 내려오지도 않자 괘씸해서 그동안 학비와 기숙사비 등 보내던 돈을 모두 끊어 버리셨다.

"설마 배가 고프면 내려오겠지!"

그때부터 탁아소는 물론 내게 광야생활이 시작되었다. 아빠는 사랑하시는 자녀에게 고난의 학교에 입학시켜 하나님의 온전하신 사람으로 거듭나게 하는 것이 정규코스인가 보다. 나도 예외는 아니었다.

깊은 샘 예수원

"너희 중에 있는 하나님의 양 무리를 치되 부득이함으로 하지 말고 오직 하나님의 뜻을 좇아 자원함으로 하며 더러운 이를 위하여 하지 말고 오직 즐거운 뜻으로 하며 맡기운 자들에게 주장하는 자세를 하지 말고 오직 양 무리의 본이 되라"
베드로전서 5:2-3

고아원의 모체 형성을 위해 먼저 시작한 탁아소는 부모님께서 장녀의 몫으로 떼어놓은 집 한 채를 팔아 주신 것으로 했다. 그러나 사회적 경험이 전혀 없던 나는 빚보증을 잘못 서주는 바람에 막 움이 트려던 어린이 집은 문을 닫게 되었다. 나는 집까지 팔아가며 나를 지원해주신 아버지 뵙기가 너무 죄송해 가슴이 몹시 답답하고 잠을 이루지 못했다. 노심초사한 탓에 가슴앓이를 심하게 하던 나는 이름도 모르는 병을 얻어 심신이 지쳐있었다. 이제 내가 섬겨야 할 자리가 어디인가 기도하고 있을 때 학교 동기생이 성공회의 대천덕 신부님이 경영하시는 '예수원'을 소개해 주었다.

여름방학이 되자 나는 무조건 '예수원'으로 올라가 보기로 작정하고 길을 나섰다. 낮은 산길을 오르는데도 가슴이 아파 손으로 주무르면서 가야 할 정도였는데 '예수원'에 도착하여 돌아보니 여기저기 손볼 것이 많았다.

'예수원'의 대천덕 신부님을 만나고 보니 헌신자로서의 삶에 모범을 보이시며 사랑과 헌신으로 봉사의 삶을 사시는 배울 점이 많은 분이셨다. 일단은 이곳에 잘 왔구나 생각하며 나는 공구를 찾아서 극성스럽게 지붕과 부엌, 그리고 삐걱거리는 문들을 고치고 나니 삼 일이 지났다.

간증모임이 있던 날 밤이었다. 나는 그제야 올라올 때만 해도 가슴이 아파 쩔쩔매던 생각이 나서 가슴을 만져보았다. 그리고 아픈 곳을 의식해보았으나 전혀 아픈 느낌이 없었다. 그토록 나를 괴롭혀서 혹시 나을까 하고 이곳에 왔는데 삼일 만에 언제 나았는지도 모르게 다 나아버린 것이다. 나는 감격하여 이 사실을 간증하니 대천덕 신부님께서 웃으시면서 대답하셨다.

"오! 황목수(신부님이 붙여 준 별명). '예수원'은 깊은 샘입니다."

과연 그러했다. 지도자의 삶이 아름다워서 '예수원' 땅을 밟기만 해도 많은 사람들이 치료를 받아 그곳은 매일 기쁨과 기적과 성령충만의 간증으로 가득 찼다. 그 후로 나는 15년 정도 '예수원'과 관계를 맺으면서 지냈다.

미국으로 이민을 가게 된 제부가 더 이상 필요가 없다며 나에게 사용하던 고급 승용차를 선물했다. 18년간 산골짜기에 파묻혀 사시는 신부님은 너무도 가난했다. 점심이라고는 푹 삶아 거의 죽이 되다시피 한 국수만 드시는 모습만 보았기에 그 차를 신부님께 보내드리고 싶었다. 그동안 나를 영적으로 인도해 주셨고 또한 차가 있으면 여러 면으로 요긴하게 쓰실 수 있지 않을까 싶은 충심에서였다. 그러나 보내드린 차를 타고 다니시던 신부님께서는 두 달 뒤에 다른 분에게 주고 싶다는 연락을 해오셨다. 후에는 오토바이도 보내드렸는데 또 다른 사람에게 준다고 하시더니 신부님은 여전히 버스를 타고 다니셨다.

신부님의 삶은 참으로 아름다운 공동체 지도자의 모습 그대로셨다. 두 벌 옷을 갖추지 않으시고 추운 겨울 내의 한 벌을 선물해 드리면 곧바로 옷이 필요한 임자를 찾아주고 자신은 떨고 계셨다. 밖에서 맛있는 음식을 대접 받거나 부득이 드시고 오시면 금식하시며 공동체 식구들과 함께 마음을 같이 하셨다.

신부님은 초코파이를 아주 좋아했으나 그것 하나 사서 먹는 것도 공동체 생각 때문에 망설이시곤 했다.

하루는 이런 경험담을 말씀하셨다. 신부님이 어디를 가려고 찻길로 나가 버스를 기다리는 중이었다. 그런데 정거장에 바로 인접한 가게에 진열된 초코파이가 눈에 들어왔다. 먹고 싶은 생각이 아주 간절해 몇 번이나 침을 꿀꺽 삼키시다 드디어 가게에 들어가셨다.

"여보세요. 초코파이 하나 주세요."

"네."

주인아주머니가 초코파이를 꺼내 계산대에 섰다.

"아주머니, 죄송합니다. 지금은 필요치 않습니다."

그새 대천덕 신부님의 마음에 예수원 공동체에 대해 미안함이 생긴 것이다. 그 순간 초코파이의 유혹에 사로 잡히셨다.

"아주머니, 죄송합니다. 초코파이 다시 주세요."

주인이 초코파이를 다시 잡는 순간 신부님이 또 입을 열었다.

"죄송합니다. 지금은 아니고 다음에 꼭 사러 오겠습니다."

한국말을 하는 외국인이 몇 푼 안 되는 초코파이 하나를 놓고 오락가락 하니 그 주인아주머니도 틀림없이 당황스러웠을 것이다. 예수원 공동체 식구들은 신부님이 들려주는 이 에피소드에 한바탕 웃었다. 다음날, 예수원에서는 초코파이 파티가 벌어졌다. 어떤 자매가 그 가게에 내려가 초코파이 두 박스를 사온 것이다. 공동체 식구들은 또 한바탕 웃었다.

신부님의 호칭은 목사, 장로, 신부, 박사, 형제 등 여럿이 있었는데 신부님은 그 중에서도 '형제'라고 불리는 것을 제일 좋아했다. 언제나 자신은 뒤편에 서고 하나님의 이름이 높아지기를 바라는 삶을 몸소 보여주셨다. 5개 국어를 능통하게 하시며 박사학위는 5개도 더 받을 자격이 되었지만 학위를 거절하신 분이다.

"교만은 패망의 선봉입니다. 박사가 나를 패망케 할지도 모릅니다."

나라를 사랑하시는 신부님께서는 한문으로 성경을 병풍에 글로 써서 청와대에 보내드렸다. 그러자 청와대에서 강원도 지사를 통해 무엇을 도와드리면 좋을 지 연락이 왔지만 "하나님께서 이미 충분히 도우셨습니다."라고 하시며 정중히 거절하셨다.

'예수원'의 목장도 임대해서 매달 사용료를 지불하고 있었고, 올라가는 길도 비포장도로여서 참으로 불편했지만 인간적인 도움을 요청하시지 않으셨다.

"신부님, 쌀이 없습니다."

어느 날 공동체에 쌀이 떨어지자 담당 자매가 달려왔다.

"오! 예수님께서 우리 쌀독을 보셨습니다."

다음 날 배고픈 자매가 도저히 참지 못해 제안을 했다.

"신부님, 쌀가게와 18년 거래를 하셨는데 혹시 외상은 안 될까요?"

"오? 그것은 하나님의 방법이 아닙니다."

신부님은 그렇게 아빠가 주실 때까지 사람들에게 기다리게 했다.

영국 성공회 본부에서 회의 소식을 주면 기도부터 하셨다.

"오! 하나님, 이 회의에 가는 것이 하나님 뜻입니까? 그러면 비행기 표를 보내 주십시오."

신부님은 먼저 기도하시고 하나님께서 인도하시는 데로 발걸음을 옮겼다. 때로는 보통사람의 상식으로는 일반인이 보기에 조금은 무모한 듯 보였지만 나는 신부님의 신앙을 통해 공동체사역에 대한 비전을 뚜렷이 보았다. 인간적인 방법으로 먼저 달려가지 않고 아빠의 뜻대로 행하시려는 방향설정과, 하나님의 역사 속으로 들어간다는 것이 어떤 것이고, 무엇을 뜻하는지 대천덕 신부님으로부터 귀한 삶의 태도를 배웠다.

4부.

광야 생활

광야로 내몰다

"너를 낮추시며 너로 주리게 하시며 또 너도 알지 못하며 네 열조도 알지 못하던 만나를 네게 먹이신 것은 사람이 떡으로만 사는 것이 아니요 여호와의 입에서 나오는 모든 말씀으로 사는 줄을 너로 알게 하려 하심이니라" 신명기 8:3

여름방학 동안 예수원에서 지내다가 학기가 시작될 때 내려왔다. 이웃에 사는 모친이 자기 아들에게 곤란한 일이 생겨 합의를 보지 않으면 교도소에 가야 된다며 도움을 청했다. 나는 살고 있던 방의 전세금을 빼주고 지하교회로 가게 됐다. 배가 고파도 구걸은 하지 않으리라는 각오로 금식기도를 하고 있는데 학교 동기가 찾아와서 헬라어를 가르쳐 주고 시험예제를 뽑아주면 도시락을 제공하겠다고 했다. 그 친구 덕분에 비록 하루 한 끼지만 한 학기 동안 하얀 쌀밥에 계란 프라이까지 얹은 도시락을 먹을 수 있었다.

그러나 자립을 해야 하므로 책 세일을 하기도 했는데 재주가 없어서인지 한 권도 팔지 못했다. 또 직장인들에게 한 달간 영어 과외도 해주었지만 교통비도 못 받고 끝나기도 했다. 도저히 돈 벌 방법이 없을 것 같아 된장, 고추장 단지를 미련 없이 이웃에 나누어 주고 판자촌으로 전전하는 광야생활을 시작했다. 하지만 아빠는 오래 전 만나와 메추라기로 먹여주었듯 찰밥이 먹고 싶다 생각하면 찰밥을, 고구마가 먹고 싶다고 생각하면 누구를 통해서라도 거짓말처럼 고구마를 보내주셨다.

심지어는 종로고려당의 고로케가 먹고 싶다고 생각하자 우연히 친구를 그 앞에서 만나 실컷 얻어먹은 적도 있다. 하지만 먹는 날보다 굶는 날이 더 많은 나날이었다. 자주 굶다 보니 이왕에 굶을 바에는 날을 정해서 금식기도를 하는 것이 더 나을 것 같았다.

그래서 3일, 5일, 일주일, 20일 그러다가 40일 기도로 작정하고 평창동 임마누엘 수도원으로 들어갔다. 사무실에 가서 40일 금식기도를 하겠다고 했더니 담당자매가 혀를 찼다.

"얼마나 못 됐으면 하나님이 굶겨가면서 버르장머리를 고치려고 하겠는가! 쯧쯧쯧"

금식기도를 하면 벼슬이라도 하는 양 으쓱했던 마음에 찬물이 끼얹어진 느낌이었다. 전에 부흥회에 가면 회개기도 시킬 때 나는 특별히 회개할 죄가 없다고 생각했기에 멀뚱멀뚱 눈뜨고 다른 사람 기도하는 모습을 지켜본 적도 있다.

'나는 죄도 없는데 여기에 잘못 왔구나!'

어릴 때부터 교만하고 당당했던 나는 읍내에 살 때 술을 파는 왕대포집 딸을 골목에서 만나면 불결하다고 얼른 숨고 저만치 다른 골목으로 돌아서 다녔다. 그 아이가 남긴 입김이 사라졌다고 생각해야 비로소 길로 나와 가던 길을 마저 갔다.

신학교 다닐 때였다. 어머니께서 처음으로 맵시 있는 양장을 한 벌 해 주셨는데 그 옷을 입고 학교에 가자 멋있었는지 어떤 친구가 특별한 날에 입고 싶다며 한 번만 빌려달라고 했다. 빌려 주자니 빌려 주었던 옷을 다시 입고 싶은 마음이 없고 주자니 몹시 아까웠다. 안 빌려주면 친구가 상처를 입을 것 같아 나는 기도하며 고민하다 그 옷을 친구에게 그냥 주어 버렸다. 이렇게 하는 꼴이 고고하니 아빠가 보시기에 얼마나 가관이었을까?

기분이 나쁜 것을 꾹 참고 금식기도를 시작한 지 28일째 되던 날이었다. 라면이 너무 먹고 싶었다. 8시간을 라면을 먹을 수 있는 방법을 찾아 헤매다 주린 배를 움켜잡고 '지나가는 사람이 있으면 25원만 달래야지'하면서 기도원 숙소 통로에서 기다렸다. 하지만 그 날은 다행히(?) 아무도 지나가지 않았다. 가게에 가서 사정을 할까 하다가 주인이 없으면 훔치려는 마음까지도 들었으나 겨울이라 유리문을 닫아 놓았다. 문이 열려있었으면 아마 훔쳤으리라.

서너 번을 가게 앞까지 갔는데 유리문이 원수였다. 그리고 주방에 가서 몰래 찾아먹을까 등등 이런 저런 생각에 빠졌다가 방법이 없어 기도실로 다시 가려는데 아빠의 음성이 들려왔다.

"너는 교도소에 있는 사람들이 왜 거기 있는지 아느냐? 바로 너처럼 배가 고팠기 때문이다."

그렇구나! 만일 내 앞에 누군가 지나갔다면 나는 그에게 25원을 달라고 했을 것이고 그 길로 금식기도를 깨고 라면 한 그릇을 허겁지겁 들이켰을 것이다. 인간의 양심과 의지는 극한 상황에 처한 본능적 욕구를 제어할 수 없다는 것을 나는 그제야 깨달았다.

나는 언제나 깨끗할 수 있다, 죄짓지 않고 살 수 있다고 스스로 장담하던 내 교만이 서서히 깨어져 갔다. 나는 아빠 앞에서 연약한 인간의 모습 그대로 벌거벗은 채 스스로 손을 들어 항복하고 십자가 앞으로 나갔다.

그 뒤로 나는 '평화의 집'을 운영하는 30년 동안 구치소에 갔었거나 감옥에서 형기를 마치고 이곳으로 온 아이들에게 한 번도 그들의 죄명을 묻지 않았다. 그리고 그때의 경험은 교도소에 있는 재소자들에게 남다른 관심과 애정을 갖는 계기가 됐다.

시온의 딸

어려움과 고난 중에 평창동 임마누엘 수양 관에서 금식을 하던 중 아빠께서 보내신 중보 기도자 한 사람을 만났다. 엄동설한에 차가운 방에서 오래 금식을 하여 내 기력이 쇠잔해진 것을 보자 자신이 내게 남은 3일간의 금식을 대신 채우러 왔다며 전기장판까지 들고 왔다. 두 달 전 친구 소개로 그 분을 찾아 갔었는데 내게 손을 얹고 기도하려다 본인이 18년 동안 예언기도를 하고 있지만 이렇게 강력하게 사랑을 표현하는 사람은 처음 봤다고 했었다.

"내 사랑하는 시온의 딸 다치겠다!"

그 분은 내게 안수기도를 하려다가 그런 아빠의 음성을 들었다고 한다.

"이 사람은 도대체 뭐 하는 사람입니까?"

그녀는 바르르 떨면서 같이 온 사람에게 묻고는 내게 손을 얹기가 두렵다며 더 이상 기도를 하지 않았다. 나도 너무 놀라고 충격적이라 그녀의 말을 믿을 수가 없었다. 그 기도자는 전기장판을 건네주며 회복기간에 들어가게 도와주고 자기가 대신 내 자리에서 금식기도기간을 마저 채워주었다.

수고와 땀

금식기도 기간이 끝났지만 나는 기도원에 머물면서 앞으로 가야 할 방향에 대해 고민하며 기도 중이었다. 때로는 버스 정류장에서 25원 차비를 얻기 위해 구걸을 해야만 할 때도 있었고 충현 교회에서는 예배를 드린 후 점심식사 설거지를 돕기도 했다.

부엌일을 돕다 보니 매번 잔뜩 밥을 비빈 채 조금만 먹고 남겨서 주방으로 돌아오는 밥그릇들이 있었다. 그것을 알게 된 나는 식사를 하지 않고 기다렸다가 그렇게 남긴 밥을 먹었다. 그러자 다른 자매들이 기겁을 했다.

"아니 어떻게 먹다 남긴 걸 먹어요?"

"어떻게 이걸 다 버리겠습니까? 난 괜찮아요."

그러자 자매 하나가 문을 열고 나가서 밥을 남긴 그 형제에게 큰소리로 쏘아 붙였다.

"밥 비벼서 남기지 마세요! 부엌에서 황월순씨가 다 먹잖아요."

무안해진 그 형제는 다음부터는 밥을 남기지 않았다.

우리가 먹는 양식은 참 귀하다. 창조주께서 겨울에 안식할 동안 기온을 낮추어 나쁜 세균을 살균하시고 봄부터 가을까지 햇빛과 바람과 비와 밤의 이슬로 곡식을 여물게 하셨다. 농부의 땀 그리고 또 누군가의 수고로 우리의 밥상은 차려진다.

어느 날 김창인 목사님의 말씀을 들은 후 나는 남이 남긴 밥도 먹을 수 있는 용기와 힘을 얻었다. 부엌에서 식사를 돕는 자매가 누룽지와 조금 남은 밥을 하수구에 버리자 목사님께서 보시고 조리로 하수구에 버려진 밥풀을 담았다. 그리고 물에 흔들흔들 씻어서 그 자리에서 손으로 드셨단다. 하나님의 수고와 조화로 만들어진 쌀을 한 톨이라도 절대 버리지 말아야 한다는 목사님의 신념이셨다.

아빠 덕분에 감투 쓴 이야기다.

충현 교회 청년부에서 2-3년간 지내면서 전도부장을 맡고 있었는데 주일 오후에는 청년부에서 장충공원으로 전도를 하러 나갔다. 주어진 짧은 시간 동안 여러 사람을 교회로 인도하기는 쉽지 않았으나, 내가 출발하려고 하면 아빠는 내게 오늘은 몇 명을 인도하게 해 주리라는 것을 미리 알려주셨다. 교회로 사람들이 인도되어 오면 그들에게 어떻게 교회에 오게 되었는지 그 소감을 묻는 시간이 있었다. 그때 나를 따라온 사람들은 너나없이 같은 말을 했다.

“저기 있는 저 여자분 말에 이끌려 여기까지 왔습니다.”

아빠에게 모든 일을 맡기고 전도하러 나가니 전도에는 단연 내가 언제나 일등이었다.

내 눈을 드리리

힘겨운 광야생활을 하면서도 나는 입술로 하나님을 원망하거나 불평해 본 적이 없다. 아빠가 보여주면서 감동하게 하시니 절로 그렇게 된 것이다. 하지만 한 이년 정도 먹는 날보다 굶는 날이 더 많다 보니 교회사역을 다시 점검하고 새로운 길을 모색하기로 했다. 전에 있던 교회 교역자에게 많은 상처를 받아 절대로 교회 사역은 하지 않겠다고 결심했지만 전도하는 동안 내 영혼은 새롭게 빚어지고 밥만 먹여주면 어디든 가겠다는 용기가 생겼다.

그래서 26세가 되었을 때 아빠의 인도하심으로 경북 금능군 덕천 교회로 가게 되었는데 인근 주민은 약 300명이지만 교인은 고작 9명이었다. 가가호호 전도를 나가 주민들을 만나보니 교회에 대한 불신이 대단했다.

"우리를 예배당에 불러놓고 짓다가 만 교회를 마저 지으려 돈 내라 칼라꼬 오라 카지요? 예배당 다 지어 놓으면 우리도 마 예수 믿으러 가꾸마."

내 평생에 300명을 전도할 기회가 어디 있으랴 싶었던 나는 그곳이야말로 주 예수 그리스도를 영접시킬 수 있는 황금어장이라고 생각했다. 저 사람들이 짓다 만 교회만 지으면 예수를 믿겠다고 하지 않는가?

청도 동산기도원으로 간 나는 교회건축을 완공하게 해 달라고 부르짖으며 40일 금식기도를 했다. 기도원에서 내려온 후에는 건축을 위해 여기저기 뛰어다녔지만 역부족이라 나는 큰 결심을 했다. 가진 것은 없지만 당시 장기를 팔아 사는 사람들이 있다는 소리를 들은 적이 있기에 두 눈 중 한쪽 눈을 팔기로 했다.

아빠를 사랑하는 내 정성이 저들에게 알려져 돈 걱정을 하지 않고 예수를 편히 믿게 하고픈 순수한 마음이었다. 나는 병원에 가기 전에 증명사진을 찍으며 수술 후 부모님을 찾아 뵐 때는 눈병이 나서 안대를 착용했다고 숨기기로 임시 대책까지 세웠다. 하지만 병원에 눈을 팔러 갔으나 의사는 살아있는 사람의 눈은 사지 않는다고 거절했다. 조르고 조르다 할 수 없이 돌아왔지만 아빠는 그 일로 내게 커다란 약속을 하나 해주셨다.

"내가 네 눈을 샀다. 너의 눈이 이제 하늘에 있으니 비밀스러운 모든 일들을 네 눈으로 보고 즉시 말할 수 있게 되리라."

그 날에

"둘이 물에서 올라갈새 주의 영이 빌립을 이끌어 간지라 내시는 흔연히 길을 가므로 그를 다시 보지 못하니라"
사도행전 8:39

20대 중반 때 천사를 통해 신비한 체험을 했다.

밤 12시 이후에는 통행금지가 있던 시기로 나는 당시 어느 침례교회 지하실에서 기거할 때였다. 집으로 돌아가기 위해 막차를 탔는데 구름이 끼여 아무 것도 볼 수 없는 날씨였다. 사당동 가는 차를 탄다는 것이 봉천동으로 가는 차로 잘못 탄 것이다. 캄캄한 밤에 정류장에서 내렸는데 막막하기 짝이 없었다.

그때 나는 엿장수들이 넘긴 물건을 파는 남대문 꽃상가에서 산 200원짜리 헌 신발을 신고 있었는데 발이 아파서 걷기가 힘들었다. 주머니에 가진 돈은 없어 늘 하던 대로 기도를 드리며 다리를 절뚝거리며 가고 있었다.

"아빠! 제가 결혼했다면 이런 때 남편이 업고 가지 않겠어요? 아빠! 저 이제 어떡해요?"

그렇게 혼잣말로 기도를 하는 중인데 지프차가 내 앞에 오더니 끼익 멈추었다.

"학생, 어디까지 가니?"

"사당동 예술인 마을에 갑니다."

"어, 같은 방향이네, 어서 타거라."

혹시 낯선 차가 너를 태워 주려고 할 때 자가용은 잡아 갈지도 모르니 타지 말고 지프차는 관용차니 조금은 안심하고 타도된다는 오빠 말이 생각났다. 감사히 차를 얻어 타고 예술인 마을에 내리면서 고마워 고개를 숙였다.

"고맙습니다."

그러나 고개를 드는 순간 차는 이미 어디론가 사라지고 없었다.

"아니, 차가 금방 어디로 갔지?"

하지만 방범대원에게 잡힐까 봐 집으로 뛰어가느라 그 사실을 곧 잊어버렸다.

8년 뒤 한얼산 기도원에서 중보기도의 권위자 조이더슨 여사의 성령 일치 운동을 위한 집회가 있을 때 그 분의 신기한 체험 간증을 들었다. 아프리카에서 집회할 때 성령님께서 밀림 A지역에서 B지역으로 가라는 말씀을 들었다고 한다.

"제게는 우마차도 없고 헬리콥터도 없는데 어떻게 가요? 시간과 공간을 초월한 하나님의 방법으로 옮겨 주세요."

그렇게 기도를 했더니 자신이 옮겨졌다며 그러나 하나님께서 어떻게 옮겨 갔는지 남들에게 알리지 말라고 하셔서 그 방법은 밝히지 않았다. 나는 마음속으로 대체 어떻게 옮겼을까 궁금해 하고 있을 때 아빠께서 말씀하셨다.

"8년 전 그 날에도 내가 너를 그렇게 옮겨 주지 않았느냐?"

'아, 그러셨구나! 아빠께서 천사를 통해 지프차를 보내시고 곤경에 처한 나를 도와주셨구나!'

소록도를 찾아서

“너희는 그렇지 않을지니 너희 중에 큰 자는 젊은 자와 같고 두목은 섬기는 자와 같을 지니라 앉아서 먹는 자가 크냐 섬기는 자가 크냐 앉아 먹는 자가 아니냐 그러나 나는 섬기는 자로 너희 중에 있노라” 누가복음 22:26-27

아빠의 뜻에 따라서 살려고 하다 보니 아빠의 뜻이 어둡고 소외된 곳에 있는 것 같았다. 그런 곳을 찾자면 세상에 오죽이나 많을까마는 나는 그 중에서도 가장 소외된 곳이 소록도 나환자촌이 아닐까 생각됐다. 지금은 나병이 쉽게 옮겨지는 병이 아니라는 것을 대부분 사람들이 알지만 당시 나병환자는 엄청난 공포의 대상이었다. 나병환자가 동네에 나타나면 대부분의 집은 문을 걸어 잠그고 아이들은 그 환자를 향해 돌팔매질도 서슴지 않았다. 눈썹이 빠지고 손가락, 발가락, 급기야는 코까지 문드러져 없어진다는 문둥병(한센병). 아무도 돌보지 않는 그들에게 사랑을 펴는 것을 하늘아빠께서 무척이나 좋아하실 것으로 믿어졌다. 그래서 20대 후반부터 여름휴가가 되면 소록도를 방문해 섬기면서 아빠의 뜻이 여기 있나 하고 기웃거렸다.

나는 그 곳을 방문할 때면 속옷만 챙겨가고 나머지 필요한 것은 모두 머무르는 집에서 해결했다. 세상으로부터 외면당한 그들 속으로 들어가 함께 쓰고 나누는 모습을 보여주면 그들의 마음이 빨리 열리지 않을까 싶어서였다.

내 생각은 적중해서 그들은 나의 그런 태도에 쉽게 마음이 녹아 이 집 저 집에서 초대해서 온갖 정성으로 대접을 해 주었다. 그때마다 나는 집에 있는 것으로 대접해 주면 가겠지만 육지에서 사온 반찬으로 해주면 가지 않겠다는 조건을 걸었다. 그들은 나를 대접하려고 번거롭게 소록도 근처 육지에 있는 녹동시장에 나가 반찬거리를 사오는 것을 알았기 때문이다. 초대된 집에서는 내게 장정들에게 주듯 사발밥을 수북하게 퍼주었다. 그때마다 어디선가 날아든 파리 떼가 새까맣게 달라붙어 식사를 방해했지만, 나는 기꺼이 식사초대마다 응했고 그들은 밥을 잘 먹는 나를 무척 좋아했다. 그들이 가장 좋아하는 것 중의 하나는 자신들이 만든 음식을 잘 먹어 주는 것이고, 가장 싫어하는 것은 남들이 자신들을 사진 찍는 일이었다.

나환자촌에 있는 북성 교회에서 일주일간 부흥회를 인도할 때였다. 그 교회는 그들의 손으로 직접 지은 교회로 뭉그러진 손으로 피를 흘리며 벽돌 한 장 한 장을 쌓아 올려 그야말로 피로 얼룩진 교회다. 당시 나환자촌에 있던 사람들의 몰골은 보기에 아주 흉했다. 초창기에 병에 걸린 것을 알고 격리된 그들은 자신이 병에 걸려 외면당한다는 사실을 알고 너무 두려운 나머지 빨리 나아서 가족들에게 돌아가고 싶은 마음밖에 없었다. 그러나 방법을 모르던 그들은 약을 많이 먹으면 빨리 나을까 싶어 독한 약을 한꺼번에 많이 먹어 부작용으로 실명한 환자들도 많았다. 교회를 지을 때는 눈과 손이 성한 사람과 발이 성한 사람이 팀을 이루어 벽돌을 나르고 모래와 시멘트를 이겨 옮겼다고 하는데, 피가 나도 감각이 없던 환자들의 문드러진 손에서 흘린 피로 교회가 물들 수밖에 없었던 것이다. 부흥회가 열리자 모든 성도들이 새벽기도 때부터 빠지지 않고 참석했다.

새벽 기도시간에 찬양대원들이 찬양을 드리는 곳은 아마 그곳밖에 없을 것이다. 그들은 아픈 자신을 위해서가 아니라 온 세계 평화를 위해 기도하는 특별한 아빠의 일꾼들로 참으로 영감 있는 기도를 많이 하는 중보기도 대원들이었다.

한번은 소록도에 있는 돼지들이 사라지는 일이 생겼다.

가까운 육지에 사는 마을사람들이 몰래 배를 타고 들어와서 소록도 돼지들을 다 잡아간다는 소문이었다. 건강한 사람이 있으면 지켰을 텐데 하는 안타까운 마음에 목사님과 행정 담당하시는 분들께 나도 그들과 같이 살게 해달라고 부탁을 드렸다. 하지만 건강한 사람은 안 된다며 허락을 하지 않아 나는 하던 대로 아빠에게 기도를 시작했다.

"아빠, 저에게도 나병을 주세요."

교회 일을 하면서도 틈만 나면 소록도에 가고 싶고 그들이 보고 싶어 상사병이 났다. 그들이 참으로 천사처럼 좋았고 사랑스러웠다. 7-8년을 그렇게 마음에 소원했지만 아빠는 내 뜻을 들어주지 않으셨다.

내가 거기서 받은 사랑은 이루 형용할 수 없을 만큼 컸다.

성탄절 때 받은 사탕을 봉지 채로 아껴 두었다가 여름에 방문한 내게 건네주기도 했는데, 더운 날씨로 이미 흐물흐물해진 사탕이지만 그들의 진한 사랑이 녹아있다는 것을 느끼기에 충분했다. 그들과 나만이 맛볼 수 있던 진정한 사랑이고 교감이며 정이었다. 편치 않은 몸으로 새벽부터 밤까지 부흥회에 참석하느라 육신이 지쳤을 텐데도, 그들은 부흥회가 마친 후에도 집에 가지 않고 모여서 늦게까지 아빠 이야기에 시간 가는 줄을 몰랐다.

어느 날은 70대 노인이 예배를 마치자 삼베옷 호주머니에서 껍질을 벗기고 삶은 옥수수 하나를 건네주었다. 얼마나 만지작거렸는지 짭짤했지만 나를 위해 품고 온 옥수수를 그를 위해 맛있게 먹었다. 나는 그들 속에도 분명히 아빠께로 돌아갈 귀한 영혼이 있다는 것을 알기에, 사랑의 열병을 앓으면 앓을수록 그 누구 하나라도 소홀히 여길 수가 없었고 진정으로 그들을 섬기고 싶었다.

20대 중반 금릉군 덕천 교회를 섬길 때였는데 어느 날 사택으로 60대 나환자 할아버지가 구걸을 왔다. 나는 장갑 낀 손을 잡으며 들어오시라고 간절히 청해 밥상을 차려 드렸다. 당시 내 한 달 사례비가 6,000원이었는데 나는 그 분이 어디에 사시는지 자세히 알아두고 가실 때 만원을 쥐어 드렸다. 그리고 그를 따라 그가 살고 있는 집에 가 보니, 아들에게 버림받은 채 옥수수 깡으로 대강 지은 움막에서 혼자 살고 계셨다. 사택에 살고 있던 나는 주일에 교인들에게 제의를 했다.

"사택에 방이 두 개 있습니다. 나환자 노인 한 분을 내가 모시고 살면 안 될까요?"

그때 교인들의 반응은 놀랍게도 너나없이 그렇게 하면 모두 교회를 떠나겠다고 선포했다. 나환자여도 예수님을 모실 영혼이 살아있다면 참으로 귀한 아빠의 자녀로 삼을 수 있는데 나는 그 뜻을 이루지 못해 한참을 괴로워했다.

5부. 평화의 집

집을 세우다

"실상은 내가 젊었을 때부터 고아를 기르기를 그의 아비처럼 하였으며 내가 모태에서 나온 후로 과부를 인도하였었노라"
욥기 31:18

29세가 되었을 때 나는 세계 선교에 막 닻을 올린 대구 동신교회 특수기관 전도사로 부임했다. 그 교회를 섬기는 동안 불같이 이는 성령의 인도하심을 거역할 수가 없었다. 어둠 속에서 방황하며 사회로부터 소외 받은 사람들에게 빛을 발하는 전도자가 되고 싶었다. 뜻을 정한 나는 법무부 모든 기관의 허락을 얻어 일주일에 두 번씩 방문했다. 대구소년원, 김천교도소, 갱생보호소, 대구교도소 형제들에게 복음을 전하며 사랑의 교제를 시작하게 된 것은 기쁜 일이었으나 통제된 구역이라 시간적인 제약이 많아 아쉬움이 컸다. 또한 정기적으로 교도소를 방문하면서 억울한 사형수들이 있다는 내부사정을 조금씩 알게 되었다. 나는 그들의 구명도 반드시 이루어져야 한다고 생각하며 그 운동도 함께 펼쳐 나갔다.

어느 해, 여름은 조장복(가명)이라는 청년 구명운동을 벌였다. 나는 모든 일을 미루고 구명을 위한 진정서를 모으는 일에 매달렸다. 조장복의 주변사람은 물론 사회각계각층의 인사들의 서명도 받아냈다. 나는 끝으로 조장복이 감옥에 가게 된 원인제공자인 조장복의 매형을 찾아갔다. 그에게 조장복에 대한 용서를 구하고 구명운동에 협조해 줄 것을 요청하기 위해서였다.

그러나 웬 걸. 그는 조장복은 구명될 수 없다며 내가 보여준 구명서를 불태웠다. 상속문제를 둘러싼 싸움이었다. 자신의 재산형성에 방해가 될까 봐 앞길이 창창한 청년 처남을 죽게 하고 마는 이런 악한 마음은 도대체 어디서 나오는 것일까?

끝내 조장복은 구명되지 못했다. 그렇지만 김병환(가명)이라는 우리나라 최초의 소년사형수가 될 번한 그를 위한 구명운동은 성공했다. 나는 그의 억울한 누명을 벗겨 사형을 면하게 해주었으며 그는 양부모도 만나게 되었다. 나의 기쁨은 이루 말할 수 없이 컸다. 죽음을 앞둔 한 사람을 살려내 그에게 새로운 삶의 길을 열어준다는 것은 아마도 이 땅에 살면서 사람이 할 수 있는 가장 크고 가장 의미 있는 일 같았다.

하늘의 아빠도 가장 기뻐하시는 일일 것이다.

하루는 사형수 다섯 명과 상담을 하는 동안 그들과 찬양을 같이 부르고 싶었다. 오랜만에 듣거나 또는 처음 듣는 찬양에 감동이 된 그들은 함께 손뼉을 치고 싶어 몸을 움직였다. 그러나 한복소매 자락에 덮인 수갑이 그들의 움직임을 제한하고 있었다. 멋쩍고 씁쓸하게 웃어 보이는 그들을 보는 내 마음이 어찌나 찡하던지, 그 순간 내 가슴을 흔드는 아빠의 목소리가 들렸다. 내가 이들을 너무 늦게 만났다는 말씀이셨다. 만일 내가 감옥에 들어오기 전에 그들을 만났다면 여기까지 오지 않았을 것이라는 깨달음이 뒤따랐다.

가정이나 사회에서 버림받고 소외당한 청소년들이 죄악의 길로 빠지지 않게 선도하는 일은 정말 중요하다, 그리고 그 죄는 우리 사회와 교회와 지도자와 이웃이 각각 공동분담으로 나누어 책임을 져야 옳을 것 같다는 생각이 들었다.

나는 그 자리에서 앞으로 내가 해야 할 일을 확고하게 정했다. 저들을 친히 사랑하시는 아빠께서 그들의 한숨과 우울과 절망을 몹시 안타까워하시고 계심을 나는 확실히 안 것이다. 이 일을 위해서는 나 자신의 훈련이 먼저 필요하다는 것을 깨달은 나는 곧바로 교회 전도사직을 사임했다. 그 길로 '예수원'에 들어가 공동체 생활의 구심점 역할에 대하여 폭넓은 훈련을 받았다. 그러던 중 나는 대천덕 신부님처럼 공동체 생활을 성공적으로 하려면 제복을 입고 보호구역 안에 있는 것도 잘하는 일 같았다. 그래서 나는 수녀가 되기로 했으나 하늘의 아빠는 내가 수녀가 되는 것을 허락하지 않았다. 서울, 대전, 대구, 부산에 있는 수녀원마다 찾아가 노크를 했지만 모두 거절당했다. 수녀로 받아주는 연령제한 27세까지였고 나는 한국나이로 29세를 넘어서고 있었다.

그 이듬해에는 이혜인 수녀님의 소개로 전라남도 광주 '보이스타운'으로 가서 자원봉사자로 일했다. 그 곳은 소년원 출신의 무의탁자 30-40명이 공동생활을 하고 있는 곳으로 영농, 축산, 기술교육, 학업으로 분류되어 자신들이 원하는 분야에 종사하며 앞으로 그들의 진로를 개척하는 공동체였다. 처음 그곳에 도착했을 때 아이들은 나를 잘 받아주지 않았다. 여자인 주제에 건방지게 자기들을 동정하려 든다면서 냉소와 야유로 적대적인 태도로 일관했다. 그렇지만 그들에게도 진정한 대화와 깊은 사랑이 필요하다는 것을 소년원에서 이미 경험했던 나는 어떤 일이 있어도 포기하지 않으리라 굳게 마음먹었다.

아침 일찍 일어나서 소젖 짜는 일, 풀 베는 일, 분뇨 퍼내는 작업 등은 물론, 밤에는 바늘을 들고 방마다 찾아다니며 헤어진 옷가지와 이불을 꿰매주었다. 하루는 몇몇 소년들이 동네가게에 진

외상값을 갚지 못해 숙소까지 오는데 먼 산길로 돌아다닌다는 사실을 알았다. 나는 급히 우리 집에서 자란 외사촌 오빠에게 부탁하여 돈을 준비했다. 한 명씩 불러 돈을 주면서 외상값을 갚도록 하자 나의 이런 태도가 자신들에 대한 동정이 아닌 참 사랑의 표현이라고 느꼈는지 그들은 하나 둘 조금씩 마음을 열기 시작했다. 사랑의 묘약으로 인해.

한번은 외출하려는데 구두가 보이지 않았다. 한참을 찾았는데 알고 보니 한 소년이 등교하면서 들고 나가 팔아버렸다는 것을 알았다. 모른척하고 넘어갔지만 사랑과 포용 이전에 이들의 환경을 어느 정도 안정적으로 만들어 주려면 경제력은 무시할 수 없고, 그것은 그들을 타락시키는 커다란 적이라는 것을 절실히 알게 됐다. 나는 이 문제를 놓고 아빠께 또 매달렸다. 이것을 위해 내가 할 수 있는 일이 무엇인지 기도하고 묻고 생각하고 또 생각하면서 얻은 결론이 운전이었다. 면허를 얻어 택시운전을 하여 경력을 쌓으면 개인택시도 몰 수 있게 되고 그러면 시간적으로도 자유롭고 수입도 괜찮아지리라는 생각에서였다.

일 년간 그곳에서 자원봉사를 마치면서 나는 집 없는 고아들의 외로움과 서러움이 얼마나 큰지를 애절한 체험을 통해 알게 되었다. 나는 그곳에서 나오면서 무조건 4명의 고아를 데리고 왔다. 어떤 계획도 대비도 없었지만 무조건 아빠에게 의지한 선택이었다. 아빠가 나를 그냥 버려두지 않으시리라는 믿음과 무슨 일이든 힘을 합치면 목구멍에 거미줄은 치지 않을 것이라는 어렴풋한 배짱이 있었다. 그리고 그것이 아빠가 내게 내린 사명이라고 믿게 된 나는 대구시 서구 본리동에 월세 방을 얻은 후 그들과 함께 숙식을 시작했다. 1979년 내가 꿈꾸던 공동체인 '평화의집' 문이 마침내 세상을 향해 열리게 됐다.

막노동과 행상

"귀가 들은즉 나를 위하여 축복하고 눈이 본즉 나를 위하여 증거하였었나니 이는 내가 부르짖는 빈민과 도와줄 자 없는 고아를 건졌음이라" 욥기 29:11-12

개인택시 영업을 계획했지만 시간과 재원이 필요했다. 나는 경북 달성군 송현동 도청 공무원 주택 공사장에서 아이들 넷을 데리고 우선 막노동을 시작했다. 그들과 함께 일할 수 있는 선택의 여지도 없었지만, 힘들이지 않고 돈을 만들려는 그들의 습관을 고치려면 공사장이건 어디건 땀 흘려 일하는 법을 그들에게 바로 가르쳐야 했다. 처음 막노동판에 일하러 갔을 때 아무도 우리에게 일을 주지 않았다. 이유는 한 가지로 모두 거절을 했다.

"여자의 몸으로 이런 일은 못합니다."

열흘 동안 여러 공사장을 찾았지만 일자리를 못 찾자 식구들 먹여 살려야 하는 부담으로 잠이 오지 않았다. 밀가루 3kg 산 것으로 세 끼를 수제비로 해 먹었다. 궁리 끝에 어머니의 헐렁한 일할 때 입는 바지(몸빼)와 밀짚모자를 쓰고 짐을 싣는 자전거 빌려 타고 송현동 주택공사장에 갔다. 책임자를 찾아 이렇게 사정을 했다.

"우리 아저씨가 아파서 아이들하고 살아야 합니다. 저는 대농가에서 일을 해 봐서 일은 잘합니다."

보름 만에 겨우 일자리를 얻으며 눈물과 땀을 흘려야만 양식을 살 수 있다는 것을 절실히 깨달았다.

새벽에 일찍 일어나 해보지 않던 막노동을 하자니 모두들 힘이 들어 쩔쩔맸다. 하지만 여자인 내가 꾹 참고 일을 하자 그들도 어쩔 수 없었는지 잘 따라주고 잘 참아주었다.

아빠가 맺어준 지체들이기에 누구나 '평화의 집' 공동체 식구로 들어오면 나를 누나나 엄마로 부르며 우리는 한 가족이 되었다.

나는 아침 식사와 도시락이 준비되면 더 자고 싶은 동생들을 흔들어 깨웠다. 뜨거운 뙤약볕 아래 공사장에서 종일 벽돌을 지고 나면 삭신이 쑤시고 파김치가 되어 돌아왔지만, 나는 돌아와서도 식구들 치다꺼리와 빨래 등 하루를 정리해야 하는 일로 바빴다. 몸은 힘들어도 우리는 행복했다. 그렇게 악착같이 아이들과 얼마간을 죽기 살기로 일하다 보니 어느 정도 돈이 모여 좀 더 나은 일을 찾아보기로 한 우리는 그 돈으로 칠성시장 노상에서 메리야스 장사를 하기로 했다. 하지만 기존 상인들의 텃새가 심해 이유 없이 시비를 붙이고 매일같이 동생들과 싸움이 벌어졌다.

참다못한 나는 시장 경비실장을 찾아가 내가 BBS(Big Brothers & Sisters Movement) 지도위원임을 밝히고 사정을 이야기했다. 덕분에 우리는 더 이상 시달리지 않도록 많은 도움을 받게 되었으나 이번에는 시장 아줌마들이 우리들을 눈에 가시처럼 여겼다.

우리를 쫓아내려고 어지간히 괴롭혔는데 그럼에도 불구하고 나는 아이들의 자립을 위해서는 눈을 딱 감고 그들과 맞섰다. 리어카를 구입해서 이번에는 서문시장입구와 개성 고등학교 부근 두 곳에 장을 펼쳤다. 나는 식사와 물건정리를 도와주며 두 명씩 장사를 보도록 맡겨 놓았다. 집에서 경제적 책임까지 져야 하는 그들이 얼른 생활기반을 닦아 자신의 식구들의 고생도 덜어줄 수 있도록 나는 밤낮없이 연구하며 기도의 시간을 보냈다.

하루는 장사를 끝내고 집에 돌아와 계산을 맞춰보니 물건과 판액수의 돈이 전혀 맞지 않았다. 알고 보니 녀석들이 물건 판돈으로 몰래 술을 마셔 야단을 치기도 했다. 그 후 '사랑의 금고'에서 대출을 받아 불로동에 방 두 칸짜리 전세를 얻어 살았는데 마침 '예수원'에서 훈련을 마친 자매 한 분이 자원봉사자로 와서 6명이 함께 생활하게 되었다. 그러나 먹을 것 입을 것 제대로 챙겨주지 못하고 열심히 살았는데도 생활은 나아지지 않았다. 궁핍한 생활이 싫었던 동생들은 다시금 옛날로 돌아가고 싶어 했다. 그러자 어느 날 용길이가 제안을 했다.

"누나, 우리 딱 한 탕만 하자. 그래서 그 돈으로 집도 짓고 살면 되잖아."

얼마나 고생이 되고 힘이 들면 그런 말을 하나 싶어 나는 나무라는 대신 간곡히 달랬다. 그러나 점점 그들이 힘들어 하자 아무래도 결단을 내릴 수밖에 없는 시점이 왔다. 결론을 내기를 각자 숙식이 제공되는 직장을 찾아 돈을 모으고 집을 구할 수 있을 때 다시 모여 살기로 굳게 약속했다. 헤어지는 마지막 날 밤, 서로서로를 부둥켜안은 우리는 언제 다시 만날지 모르는 기약 없는 이별이 서러워 눈물바다를 이뤘다.

무기수와 약혼

"내가 어찌 너를 아드마 같이 놓겠느냐 어찌 너를 스보임 같이 두겠느냐 내 마음이 내 속에서 돌아서 나의 긍휼이 온전히 불붙듯 하도다" 호세아 11:8

'평화의 집' 동생들이 숙식이 제공되는 직장을 찾아 떠난 후 나도 경주에 있는 G교회 전도사로 아빠를 섬기러 떠났다. 그 아이들과는 휴일에나 서로 왕래하며 위로하고 격려를 해주었는데 교회에서 생각지 않게 내게 트집을 잡았다. 전도사가 젊은 총각들을 방으로 불러들인다는 것이 죄목이었다. 제일 나이 많은 동생이 18살인데 도저히 말도 되지 않는 생트집이었지만 내 행동을 미쳤다고 보며 이해하지 못한 교회에서는 나를 쫓아내려 들었다. 말이 통하지 않는 교회 간부들과 한바탕 싸움을 한 뒤 나는 많은 생각으로 괴로워하며 고통의 나날을 보내게 됐다.

'그렇다. 처녀의 몸으로 이들을 보살피는 것이 그토록 죄가 된다면 나도 결혼을 할 자격이 있지 않은가? 내 기어이 결혼을 해서 자유롭게 아이들을 보살피며 살아가리라. 이것이 어찌 이들만의 문제가 되랴?'

그런 생각을 하다 보니 앞으로 내가 하고자 하는 일에 방해를 받지 않으려면 결혼은 내가 꼭 해야만 할 숙제 같았다. 만일 내가 평범한 사람과 결혼을 하게 되면 아빠께 드린 약속과 사랑하는 동생들을 섬기는데 제약을 받을 것은 당연한 이치이고 분명 내 일을 방해할 요소가 많을 것이라는 생각이 들었다.

아빠와 대화를 하면서 이런 생각을 하자니 결혼 상대자로는 교도소에 있는 사람이 가장 적합할 것 같았다. 수감자나 내게 서로 도움이 되어서 좋고 이미 나는 교도소에서 그들의 삶을 조금은 이해하고 있으니 어려울 것도 없었다. 내가 그들 중에 한 사람의 아내가 되기로 작정하고 교도소에 있는 형제들을 찾아가는 동안 강도 살인죄로 무기형을 살고 있는 한 형제를 생각했다. 내가 이 형제를 알게 된 것은 신학교 재학 중에 섬겼던 교회에 출석하는 중등부 소년을 통해서였다. 나에게 고향이 어딘지 물어보던 소년은 형이 그곳(화원교도소)에서 산다고 했다. 알고 보니 그의 형은 무기수였다.

특별히 그 소년과 친하게 지내며 사정을 다 듣게 된 나는 소년의 형과 편지를 먼저 시작했다. 편지가 오가는 동안 나는 예수님을 소개했고 복음을 접한 형제는 나를 '천사'라고 부르며 좋아하게 됐다. 차츰 우리 두 사람의 우정은 여러 해를 지나면서 사랑을 고백하는 편지로 바뀌게 되었다. 지난 번 교회 내에서 일어난 일을 계기로 하나님께 더 나은 사역을 위한 길임을 확신했던 나는 그 형제와 약혼을 하기로 결정했다. 그 사람도 돌보고 아이들도 돌볼 수 있는 길을 생각하며 나 자신에 대한 맹세를 굳건히 보여주기 위해 혈서로 약혼서약서를 보냈다. 바야흐로 나에게도 사랑이 허락된 약혼자가 생긴 것이다.

여자 택시운전사

교도소 형제와 예전의 교화편지가 사랑의 편지로 바뀌어 오가는 동안, 교회에서 발생한 사건이 자신들 때문이라 여긴 동생들이 내게 짐이 될까 봐 오해해 뿔뿔이 흩어지고 말았다. 오랫동안 정성을 쏟으며 정을 나누어 온 사랑하는 식구들을 잃게 되자 허전하고 상한 마음에 아이들을 거절했던 교회를 사임했다. 그리고 대구에서 영업용 택시를 운전하기 시작했다. 나의 목적은 운전을 하며 거리에서 만난 새로운 아이들을 데려다 교화도 시키고 형편이 되는 한 함께 사는 것이었다. 처음에는 익숙지 않은 길에다 운전이 서툴러 힘이 들었지만 길거리에서 집 없는 아이들을 만나 집으로 데려오는 일이 기뻤다. BBS(Big Brothers & Sisters Movement) 지도위원들과 교도소 위문을 가서 재소자들과 연결이 되면 출소하는 날 집으로 데리고 와서 새 가족을 만들기도 했다. 가난했지만 열심을 다해 새 가족들을 섬기며 그들이 새 출발을 하도록 도우려 했지만 배반을 당하는 일도 비일비재했다. 그들은 결정적인 순간에 몰래 도망을 갔는데 나갈 때는 집안의 가재도구는 물론 의복이나 신발도 들고나가는 등 내 뒤통수를 쳤다. 심지어는 쌀부대까지 들고 나가는 바람에 식구들이 아침을 굶고 절망에 빠지는 날도 많았다.

'평화의 집'을 지키면서 가장 마음이 아팠던 것은 동생들을 잃어버렸을 때였다. 며칠씩 가슴앓이를 하며 길거리로 찾아 헤매보았지만 그들을 찾기가 쉽지 않았다. 차를 운전하는 동안 이른 아침에는 신문을 배달하는 소년을 만나 격려하고 약간의 위로금을 주거나 낮에는 넝마주이를 만나 작은 사랑이나마 전달하려고 애썼다. 껌팔이, 신문팔이, 구걸하는 소년들에게 아빠의 사랑을 전해주는 것이 바쁜 하루 중 쪼개서 하는 나의 큰 임무였다.

어느 날 기사식당에서 식사를 하고 있는 데 대나무 망대를 진 넝마주이가 쓰레기통을 뒤적거렸다. 얼른 나가서 식당 안으로 들어오라고 하니 미안해서인지 거절을 했다. 나는 BBS지도위원이며 형제님을 사랑하고 따뜻하게 섬길 책임 있는 사람이라고 소개를 하며 친근감을 느끼게 하니 조심스레 따라 들어왔다. 주문한 식사가 나오자 감격하여 그의 눈가에 눈물이 맺혔다. 그러나 문제는 같은 돈을 내면서 식사를 하는데도 식당 주인의 못마땅한 눈총을 감수해야만 했다. 그럴수록 내 마음에는 기어이 이들을 사랑하고 섬기며 아픔을 함께 할 것을 속으로 더욱 굳게 다짐했다. 이것이 아마 나의 천직인가보다 생각하면서.

작은 행복

“여인이 어찌 그 젖 먹는 자식을 잊겠으며 자기 태에서 난 아들을 긍휼히 여기지 않겠느냐 그들은 혹시 잊을지라도 나는 너를 잊지 아니할 것이라” 이사야 49:15

영업용 택시를 운전하며 돌아다니다 보면 아빠의 사랑이 절실하게 필요한 버려진 소년들을 만나게 된다. 다가가서 사정을 물어보고 우리 집에 와서 누나랑 같이 살자고 초청을 하면 모두들 고개를 갸우뚱하며 의아해 한다. 그래서 ‘평화의 집’에 새로운 식구로 들어오면 먼저 거쳐야하는 것은 제일 나이 많은 형에게 공동체 규율과 질서를 지켜 생활할 것을 듣는 일이다.

아침에 식구들 밥을 차려 주고 부랴부랴 회사로 달려가면 오전 7시에 택시배당을 받는다. 나는 그때부터 차를 몰기 시작해서 다음 날 오전 7시까지 종일 영업을 한 후, 부업으로 구두 통을 들고 그날의 일을 끝낸 여유 있는 운전기사들을 찾아 나선다. 구두에 광내는 일을 끝내고 나면 25시간을 쉬지 않고 일하는 셈이다. 식사는 주로 차가 신호등에 걸릴 때 어머니께서 싸주신 김밥을 한 개씩 집어먹었으며 화장실 가는 일 외에는 계속 운전을 하면서 억척같이 벌었다.

특별히 눈 오는 날은 길이 미끄러워 운전기사들이 많이 나오지 않아서 보너스 타는 날과 같았다. 마음대로 좋은 차를 골라 운전할 수 있었고 조심조심 기어 다니기는 하지만 손님의 양해를 구해서 합승을 시키면 돈을 더 벌었다. 기본요금이 600원이지만 어떤 때는 한 번 뛰고 나면 4000원까지도 받을 수 있었다. 기본금 빼고 6만원에서 8만원까지 벌 수 있는 좋은 기회로 그때는 아이들도 잠을 안 자고 내가 들어오는 시간을 기다렸다. 야간통행 금지가 있을 때는 간신히 밤 12시에 들어와 보면 늦은 밤 길목어귀에 나와서 기다리고들 있었다. 그들은 눈 오는 날은 보너스 타는 날인 줄로 알고 각자 필요한 품목들을 적어두곤 했다. 식구들은 다음날 모두 시장에 나가 운동화며 옷 그리고 맛있는 것을 품에 안고 돌아올 꿈에 부풀어 회사입금 할 것과 기름 값 그리고 나의 일당을 분류하며 정신없이 돈을 세었다. 행복한 마음 가득히 시장에서 돌아오는 그들을 바라보면 비록 내가 태에서 품은 생명은 아니지만 너무도 고귀해 가슴이 아렸다.

복음으로 낳은 아이들이 이제는 나를 세상에서 가장 소중하고 큰 이름인 엄마라고 불러줄 뿐 아니라, 가난해도 아빠를 영접하며 모든 것을 기도로 간구할 줄 알기 때문이었다. 없는 살림일지라도 최대한으로 훌륭하게 키우고 싶고 넉넉하게 해주고 싶은데 방법을 모르는 내게, 아빠는 그렇게 때때로 눈을 내려주어 보너스 받는 날로 만들어 주시고 우리를 마음의 부자가 되게 해주셨는가 보다.

아빠, 정말 감사해요!

누나는 여자?

"그러므로 너희는 뱀같이 지혜롭고 비둘기같이 순결하라"
마태복음 10:16

내가 강간, 폭력, 사기, 절도 등 전과자 남자들과 함께 사는 것을 보고 미쳤다고 생각하는 사람들이 많다. 궁금하게 여기는 사람들은 내게 여자가 그런 무시무시한 전과자들과 같이 살면 두렵지 않느냐고 묻곤 한다. 하지만 실제로 평화의 집 동생들과 살면서 알게 된 것은 그들 대부분은 부모나 형제자매의 사랑이 담긴 가정이라는 울타리에서 자라지 못했다는 공통점을 가지고 있었다. 가정의 아늑함과 관계를 잘 모르는 그들이 혹시 나를 누나로 보지 않고 여자로 볼까 봐 나는 나름대로 편하게 대하고 신경을 써 주었다.

소년원이나 교도소, 보호시설 및 청소년 지방법원에서 죄가 약한 경범 자들을 내 보낼 수 있는 상황이 되면 책임자들이 우리 집에 머물 형편이 되는지 연락을 해왔다. 혹시 그들이 들어 올 자리가 남아 있는지를 물어오면 나는 무조건 있다고 그들을 환영했다. 소년들이 처음 우리 집에 오면 나는 약속을 핑계 대며 그들이 두 시간 정도 집을 탐색할 기회를 준다. 이유 없이 대우 받는데 익숙지 않은 그들이 경계하거나 반항하지 않고 나에 대한 궁금증을 풀어보라는 것이다.

특히 그들의 이성에 대한 호기심은 막을 수가 없다는 것을 잘 알기에 나는 일부러 방문을 잠그지 않고 나간다. 그러면 집에 온 소년들은 내 속옷까지 샅샅이 뒤지며 내 방을 탐색한다. 집에 돌아온 나는 저녁에 함께 모여 예배를 드리고 그들 방에 성경책을 일부러 두고 나온다. 그들이 잠들기 전에 평범한 잠옷으로 갈아입은 나는 그들 방을 노크한 후 자연스레 성경책을 가지고 나온다.

사는 모습 있는 그대로의 나를 보여 주면 나에 대한 궁금증이 없어진다는 것을 알게 됐다. 그것은 오랜 경험에 의한 것으로 그들이 굳이 창문을 넘어 들어올 필요가 없어지게 되는 것이다. 아빠께서 주신 지혜대로 하니 방문을 잠그고 자지 않아도 그 누구도 누나 방을 침범하는 사람은 없었다.

위로와 기쁨

"내가 너희를 향하여 하는 말이 담대한 것도 많고 너희를 위하여 자랑하는 것도 많으니 내가 우리의 모든 환난 가운데서도 위로가 가득하고 기쁨이 넘치는도다." 고린도후서 7:4

평화의 집을 거쳐 간 동생들은 대개 청소년들이기에 주경야독하게 했다. 경수는 영아원, 고아원을 거쳐 길거리에서 신문팔이, 껌팔이를 하고 있었다. 찬바람만 먹고 살아 피부에 문제가 많고 음성도 쉰 소리를 내며 깨어진 말소리를 했다. 버려진 자기를 누나가 거두어 가족처럼 지내니 경수는 너무 꿈같다며 항상 싱글벙글했다. 그리고 부지런하고 싹싹하고 긍정적인 사고를 가진 사랑스런 동생이었다. 어느 날 경수가 조용히 다가와 불렀다.

"누나"

"응?"

"누나"

"왜?"

"누나, 고마워요."

"무슨 말이야? 누나는 경수를 사랑하니까 경수는 그저 공부만 열심히 하면 돼요."

또 한참 있다가

"누나"

"응?"

"누나, 고마워요."

"뭐가?"

"그냥요."

식구들을 보살피며 이렇게 때 묻지 않는 순수함을 느낄 때가 제일 즐겁고 흐뭇하다. 그래서 날마다 아빠께서는 사랑하고픈 마음을 공급해 주시고 열정으로 끝까지 사랑하는 일을 포기하지 않게 하시는가 보다.

순수한 사랑

하루는 길을 가다가 얼굴이 죽은 사람처럼 굳어있는 넝마주이 소년을 만났다. 물론 집이 없다는 것을 알기에 친해지고 싶고 도와주고 싶어 물어 보았다.

"우리 집에 고물이 있는데 누나랑 같이 갈래?"

모태에서부터 거절당한 가련한 영혼이었지만 데리고 와서 열심히 챙겨주니까 곧 우리 집 식구가 되었다.

어느 날 복통이 나서 방에 누워 있는데 방문 앞을 누가 한동안 서성거렸다.

"누구니?"

문을 여는 순간 누가 곰보 빵 하나를 방에 휙 던지고 뛰어 가버렸다. 곰보빵은 그 아이가 가장 좋아하는 음식이었다. 누나가 병이 나서 끙끙대니 자신이 가장 좋아하는 것으로 대신 나를 챙겨준 것이다. 때 묻지 않고 순수한 사랑을 간직하다 내가 힘겨워 할 때 빵 하나 전해주는 것조차 부끄러워하는 아이들, 그렇게라도 마음을 표현하는 따스한 사랑을 지닌 그들이 소중했다.

또 한 번은 이질에 걸려 고생하는데 덩치 큰 녀석이 동생 두 명을 데리고 한밤중에 낚시터에 갔다. 잉어를 구한다며 나갔지만 낚을 재주가 없자 낚시꾼을 찾아다니며 후한 값을 쳐드린다고 잡은 잉어를 팔 수 있는지 물어보고 다녔다고 한다.

온 밤이 다하도록 잉어를 쫓아다니다가 새벽 3시경이나 되어서야 세 마리를 구했다며 그들이 돌아왔다. 새벽이 되도록 나간 아이들이 돌아오지 않아 걱정을 했던 나는 그 밤에 잉어를 불에 태워 가루로 만들어진 사랑의 묘약을 마신 후 병이 덜커덕 나았다.

그들은 자신들의 어머니나 형수에게나 그 누구에게도 해본 적이 없는 정성이라며 내게 큰소리를 쳤다. 어려웠지만 사랑이 풍성했던 그 시절로 돌아가고 싶게 만드는 아름답고 훈훈한 우리들의 사랑이야기다.

6부.

어둠의 자식들

1. 앵벌이
2. 암흑세계
3. 창녀촌 소녀들
4. 일수와 민기

앵벌이

"내가 네 자녀를 모으려 한 일이 몇 번이냐 그러나 너희가 원치 아니하였도다" 마태복음 23:37

평화의 집 동생들이 경주교회 사건으로 흩어지고, 택시운전을 막 시작해서 다시 아이들을 찾아 나섰을 때 이야기이다. 대구 백화점 앞에 가면 어떤 집단에 의해 돈을 벌어오도록 책임 지워진 앵벌이가 많았다. 하루는 껌 파는 소년이 껌을 들고 내게 다가왔다.

"점심은 먹었니? 하루에 얼마를 버니?"

이런 저런 이야기를 나누다 밥을 안 먹었다고 하기에 점심을 사주겠다고 했더니 조금만 기다리라고 하면서 어디론가 사라졌다. 잠시 후에 고만 고만한 아이들 9명이 몰려와서 그들을 간신히 포개서 차에 다 태우고 기사식당으로 갔다. 식사를 주문하자 식당 주인은 곤란한 표정으로 다음에는 이런 아이들을 데려오지 않으면 좋겠다고 했다. 몰골이 형편없는 이런 아이들을 데리고 오면 영업에 지장을 받는다는 것이다. 식사를 끝내고 보니 그들이 너무도 딱해 차마 보낼 수가 없었다.

"누나가 너희들이 다 들어갈 방을 마련해서 데리러 올 테니 그때까지 기다릴래?"

나는 그들을 내 품 안에서 키우고 싶은 마음에 이렇게 말하면서 전화번호를 적어주었다. 그러나 20일이 지나도 그들과 함께 살 두 칸짜리 방은 고사하고 그날그날 입금조차 힘들었다.

하루는 초롱초롱하게 빛나는 눈으로 나를 기다리던 아이들을 만났는데 기다리기가 답답했던지 제안을 하나 했다.

"방 구하기가 힘들면 누나가 우리가 사는 곳에 와서 함께 살면 안돼요?"

그들이 가자는 곳으로 따라가 보니 역전의 삼류여인숙이었다. 솜이 다 삐치는 시커먼 이불 한 장이 전부인 쪽방에서 9명은 불안한 생활을 하고 있었다.

잠을 자는 것이 아니고 한 이불에 발만 넣는 꼴에다 일명 '홍콩간다'는 환상에 취할 때까지 본드를 돌아가며 흡입했다. 그러다 몽롱해지면 두 명씩 껴안고 누워 자는데 그 중 대장이 되는 12살짜리 남자애는 9살짜리 여자 아이를 한 명 껴안고 잤다.

성적인 욕구라기보다 추우니까 2명씩 껴안고 자는데 그래도 나이가 제일 많다고 여자애는 대장 차지였다. 그들의 상태를 잘 아니 함께 살면서 그들이 변화되는 것을 보고 싶었지만 가진 돈이 없으니 방도가 없었다. 내 한계가 안타까웠고 약속을 지키지 못한 그 기억은 아홉 명의 꼬마친구들의 보금자리를 찾아주지 못했다는 자괴감으로 오랫동안 나를 몹시 괴롭게 했다.

그 후에 꼬마 친구들이 생각나서 대구백화점 앞에 여러 번 가보았지만 그들을 전혀 만날 수가 없었다. 왜냐하면 낯선 사람이 와서 하룻밤 같이 묵고 간 것이 그들을 관리하는 상부조직의 귀에 들어가면 금방 다른 지역으로 거처를 옮긴다고 했다.

암흑세계

80년대 초 '평화의 집'을 할 때 밤에 5명의 동생들이 지산야학을 다니고 있었다. 아침에 출근하면서 학교에 낼 학비를 큰 형에게 맡기고 근무하다 잠깐 들어와 보니 큰 형이 아침에 나간 후 아직 돌아오지 않았다고 했다. 직감적으로 돈을 가지고 도망갔구나 싶은 분위기 파악이 됐다. 돈은 다시 벌면 되지만 이놈은 어디 가서 찾나?

나는 배반감도 배반감이지만 아이를 잃은 아픔에 억장이 무너졌다. 처음에 그 아이를 만난 곳이 천안이어서 그곳으로 가 보았다. 천안역전의 여인숙 골목이나 창녀촌 등 그 녀석이 갈만한 곳은 다 뒤져보아도 찾지 못해 역으로 돌아오니 기차가 끊겼다.

나는 할 수 없어 혹시 그 아이가 역 주변에 있지나 않을까 해서 두리번거리는데 껌팔이 소년이 다가왔다. 그는 대뜸 나를 김천소년교도소에서 보았다고 했는데, 이미 18세 이전에 소년원을 5번 출입했다는 사실도 즉시 알게 되었다. 이 소년이 얼마나 고통스러운 삶을 살았을까 마음이 무거웠다. 그 소년이 자기 집에 가서 새벽 기차 시간까지 기다렸다가 돌아가라고 해서 잃어버린 동생 대신 이 소년이라도 교화시켜 보려는 마음에 그를 따라갔다.

소년이 지낸다는 역전여인숙 으슥한 골목을 지나는데 괴성으로 발 내딛기조차 민망했다. 공간이 좁아 둘이 눕고 보니 틈이 없고 잠도 오지 않아 이런 저런 사정이야기를 듣고 있는데 녀석이 불을 끄자고 했다.

누나는 불을 끄면 잠을 잘 수 없다고 했는데 자기는 불을 꺼야 잠을 잘 수 있다며 생각지 않게 수작을 부렸다.

속이 빤히 보여 어떻게 할까 생각하다 일침을 가했다.

"너 나이가 열여덟 살이라고 했지? 누나는 서른여덟이다. 다른 일 하느라 결혼을 안 해서 그렇지 누나가 결혼했으면 너 같은 아들이 있었겠다."

그러자 그 소년은 내 키가 더 크지 않느냐고 했다. 나는 더 이상 잠을 잘 수가 없을 것 같아 역으로 가겠다고 하니 소년은 바래다주겠다며 따라 나섰는데 순간 그가 사라져 버렸다. 졸지에 으슥한 뒷골목 미로에 빠져서 헤매는데 갑자기 골목골목에서 3-4명씩 아이들이 야유하며 길을 가로막았다. 소름이 끼치고 겁이 나서 식은땀이 흘리며 껌팔이 소년의 행적을 물었다. 그들에게는 내가 그 소년을 데려갈 의향을 비친 것으로 보이고 동지들로부터 그를 빼앗는다고 여겨 나를 해치려 든 것이었다. 봉변을 당할 것 같아 아빠를 열심히 부르며 길을 찾느라 애쓰다 간신히 파출소를 찾아 대피했다. 만일 그때 아빠의 인도가 없었다면 낯선 암흑세계에서 어떻게 탈출하였을까? 어디서나 지켜주시는 아빠는 나를 늘 보호하셨고 내가 아빠를 의지하니 어떤 위험이나 두려움도 겁나지 않는 담대함이 절로 키워졌다.

창녀촌 소녀들

하루는 새로 부임한 소년부지방법원장이 재판 전 나를 불렀다. 죄질이 높지 않는 11세와 12세 소녀 두 명의 재판 날짜가 모레로 잡혀있는데 보호자가 없어 아무래도 소년원으로 가야 될 것 같다고 했다. 그리고 혹시 '평화의 집'에 자리가 있으면 소녀들을 받아줄 수 있냐고 물었다. 나는 그동안 아들들만 키우고 살았는데 사정이 딱해 재판 날에 법원에 가서 소녀들을 데리고 왔다.

소녀들은 대구 칠성동 창녀촌에서 기거하던 아이들로 나중에 듣고 보니 엄마도 창녀였다고 했다. 한글을 읽을 줄도 쓸 줄도 몰라 글자를 가르치려면 별로 흥미가 없어 했다. 문제는 두 아이가 하루 종일 아무것도 안 하고 오빠들만 유혹해 눈만 떼면 창녀의 모습을 보이니 집안 꼴이 이상하게 돌아갔다. 성에 대해 무지하고 하루 종일 호객행위 하는 것만 보고 배운 아이들과 쉽게 성적 충동을 느끼는 사내아이들을 같은 집에 살게 하니 도저히 감당할 수가 없었다. 할 수 없이 두 달 후 정신과 감별과장님을 찾아갔다.

"아이들을 도로 데려왔습니다."

조금 있으면 임신이라도 할 것 같아 불안했고 아무도 가르쳐주지 않은 무책임은 누군가 해결해주기 전까지는 암담했다. 나는 그때서야 가정의 회복이 그 무엇보다도 시급하다는 생각을 하게 됐다.

일수와 민기

1981년 겨울, 열두 살짜리 일수와 그의 친구 민기가 버스 안에서 구걸을 하고 있었다. 데려와서 목욕을 시키려고 보니 몸이 말이 아니었다. 가출 후 2년 동안 한 번도 감지 않은 머리에는 이와 서캐가 덕지덕지 붙어있고, 온 몸에 피부병에다 다리에는 끔찍한 상처가 나서 보기만 해도 소름이 끼칠 정도였다.

버스에 오를 때 요금을 내지 않으려고 높은 계단을 한 칸 건너뛰어 오르내리다 입은 상처라고 했다. 말쑥하게 씻기고 입힌 후 같이 살면서 훌륭한 사람으로 키울 것을 다짐했다.

일수와 민기가 오고 한 주일 뒤에 동네 슈퍼에 갔더니 나를 바라보는 슈퍼 아줌마의 눈초리가 예전과 다름을 느꼈다. 무슨 일이 있었을까 알아보았다.

일수와 민기가 슈퍼에 몇 번 물건을 사러 오니 아줌마가 물었다.

"너희들 어디에서 사니? 엄마는 누구니?"

"우리는요, 이층집 아랫방에 살아요. 우리 엄마는 돈 잘 버는 택시운전사예요."

"뭐라고? 그 색시 처녀라 카더니 애들 몰래 두고 도망 온 과부댁이었는가 보네. 아이고 못된 것 같으니!"

일수와 민기는 이 때문에 머리는 빡빡 깎고 생 라면 먹고 물만 마시고 살거나, 마른 오징어 같은 것으로 끼니를 때우고 살아왔다. 그러니 얼굴은 누렇게 떠있고 초췌해서 누가 봐도 사랑받지 못한 모습이었다.

사람들은 마음대로 그렇게 짐작을 해버렸고 길거리 출신이라고 하면 예전처럼 쫓겨날까 봐 그렇게 말할 수도 없었다. 15세 미만의 아이들에게는 '엄마'라고 부르라고 했으니 나는 영락없이 행실 나쁜 과부댁이 될 수밖에 없었다.

어느 날 아침 세수를 하고 방으로 들어서는 나에게 민기가 불쑥 말했다.

"누나 이쁘게 해 줄까?"

"어떻게 하면 이뻐지는데?"

"엄마는 아침마다 나보고 계란을 사오라고 해서 노른자만 바르고 그러면 예뻐진다고 하던데."

민기 아버지는 엿장수였는데 계란 마사지만 하는 엄마가 바람이 나서 가출해 버렸고 아버지 매에 못 견디어 아홉 살 때 그 또한 집을 나왔다고 했다.

하루는 과로로 독감을 앓으며 운전도 못하고 쉬고 있을 때 민기와 일수에게 전지분유를 사오라고 심부름을 보냈다. 그러나 그들은 그 돈을 들고 나가더니 다시는 돌아오지 않았다. 엄마랑 살면서 3월에는 학교에 가기로 약속을 철떡 같이 했건만.

다른 동생들도 와서 같이 생활하다가 결정적인 순간에 이렇게 많이 떠났다. 그렇지만 나는 한 번도 이들을 포기하지 않고 돌아오기를 기다리며 다른 아이들에게 마음을 더 쏟았다. 밤이 되어 춥고 배고프면 생각나서 돌아올까 해서 문은 항상 잠그지 않았다. 가슴에 품었던 동생들의 영혼을 위해 기도하며 늘 기다렸다.

7부.

극성맞은 아지매

1. 여자 기사는 괴로워
2. 약 칠 좀 하시죠!
3. 힘센 우리 누나
4. 그 아지매는 못 말려!

여자 기사는 괴로워

"어리석은 자는 그의 마음에 이르기를 하나님이 없다 하도다. 그들은 부패하며 가증한 악을 행함이여 선을 행하는 자가 없도다." 시편 53:1

저녁야간 통행금지가 있던 시절, 나는 하루에 500㎞나 운전을 하고 다녔다. 저녁 9시부터 12시에 타는 중년남녀들은 주로 가정을 등진 사람들로, 문밖에 마중 나온 남편을 보고 놀라서 숨거나 빨리 지나가라고 소리를 지르며 다른 곳에서 내려서 돌아가기도 했다. 70대 노인이 10대 후반의 소녀를 데리고 노는 꼬락서니도 보았고 버젓이 모텔이나 호텔 앞에서 내리는 유부녀 유부남들도 보았다. 하루 70-80명 승객들 중 10명 정도는 끈적대는 남자들이 탔다.

하루는 대구에서 영천으로 가는 장거리 손님을 8,000원에 결정하고 가고 있는데 손님이 주머니에서 돈다발을 꺼냈다. 부인이 맹장수술로 병원에 일주일째 입원해서 병문안 갔다 오는 길이라면서 돈은 얼마든지 줄 테니 두 시간만 데이트를 하자고 했다.

"내일 제가 비번이니 우리 아저씨께 허락 받고 연락하겠습니다."

영천에 가까웠을 때 나는 참고 있던 말을 하고야 말았다.

"아저씨! 자식 낳아준 아내에게 부끄럽지 않는 남편이 되세요."

그래도 다시 돈다발을 내밀며 좌측에 보이는 공장이 자기 회사라며 안 보이게 우측으로 돌자고 했다.

나는 이렇게 소리치며 그 사람을 차에서 내리게 했다.

"야! 이 개새끼야, 너 같은 사람들이 남긴 뒤치다꺼리 하느라고 내가 바빠서 아직 결혼도 못했다. 마누라 병문안 갔다 오면서 택시 운전사한테 노닥거리는 염치없는 놈아! 자식 앞에 정직한 아비가 되라!"

옆 좌석에 앉아 조금 가면 허벅지에 손을 얹어 끈적대는 남자들이 많았다. 그럴 때마다 급브레이크를 밟으며 욕 한번 퍼붓고 기본요금만 받고 내쫓는 일들이 부지기수였다. 어느 날은 20대 초반의 청년이 앞좌석에 타고 가다가 내 무릎에 손을 얹었다. 그래서 나는 정중하게 부탁했다.

"손님, 여기는 술집이 아닙니다. 무릎의 손 내리시지요."

"이쁘지도 않은 것이!"

그러면서 내 얼굴을 손바닥으로 훑어 내렸다.

"도대체 너 몇 살이야! 넌 어미도 없냐, 이 개새끼야? 당장 내려!"

그냥 내리려고 해서 내가 다시 말했다.

"기본요금은 내고 내려!!"

또 하루는 점잖은 노신사가 타더니 명함을 내밀며 비번인 날 전화를 하라고 했다. 명함에는 모 대학 이사님이었다. 나는 지금도 외모에 신경을 쓰지 않지만 맨 얼굴로 운전하는 박색인 나 같은 사람에게도 사람들이 성적인 유혹과 무책임한 언행을 하는 것을 보면 통탄하지 않을 수 없었다. 무절제하고 무책임한 성행위 때문에 길바닥에 버려지는 아이들을 생각하니 그런 사람들이 사람으로 보이지 않았다.

약 칠 좀 하시죠!

"밤과 낮으로 일하면서 너희에게 복음을 전파하였노라"
데살로니가 전서 2:9

동생들의 자립심을 기르기 위해 구두 통을 만들었다. 구두 통을 메고 자리를 잡기까지 꽤 힘이 들었다. 동산병원 앞에서 닦을까 해서 간호과장님께 부탁도 드려보고 교도소 직원들을 상대하려고 교도소 형제와도 의논해 보았다. 다방 앞자리도 기웃거려 보는 둥 애를 썼지만 이미 터 잡은 아이들 때문에 비집고 들어갈 틈이 없었다. 마침 기사식당 아저씨가 도움을 주어 소방서 뒤쪽 연 다방 앞에 자리를 잡고 사업을 개시했다. 영업용 택시가 증차되어 수입이 반으로 줄어 비번이면 구두 통을 멨다. 동생들은 누나까지 가는 것은 싫다고 말렸으나 성실한 본을 보여줘야겠기에 같이 구두를 닦기로 했다. 동생들이 학교에 다니기 시작하자 택시운전만으로는 부족해 아예 구두닦이로 전업을 했다.

구두닦이는 닦는 사람은 '딱새' 구두를 가지고(찍어) 오는 사람은 '찍새'라고 불렀는데, 나는 자리를 이동해 가며 부지런히 닦고 구두를 찍어 왔다. 하루는 기원에 슬리퍼를 들고 가서 손님 발아래 엎드렸을 때였다.

"구두에 약 칠 좀 하시죠."

"아니! 황위원이 이게 무슨 일입니까?"

같은 BBS(Big Brothers & Sisters Movement) 지도위원이 바둑을 두려고 왔다가 놀라서 나한테 구두를 벗어주기가 민망한지 망설였다.

“애들을 보내면 벗어드리겠습니다.”

그래서 나에 대한 소문은 꼬리를 물었다. 하지만 우리 식구들이 나로 인해 살길이 생긴다면 구두닦이가 아니라 그보다 더한 일을 한다 해도 무슨 대수겠는가?

어느 날은 다방 앞에서 20대 남자의 밤색구두를 닦았는데 무슨 구두가 모든 방법을 써서 아무리 닦아도 광이 나지 않았다.

“뭐 이 따위로 구두를 닦으면서 돈을 받아!”

“정말 죄송합니다. 제가 초보라서 잘 안 되는가 봐요. 내일 다시 오시면 동생들한테 얘기해서 잘 닦아드릴게요.”

그는 100원이 모자라는 300원을 던지며 성을 내며 돌아갔다. 저녁에 아이들에게 만일 내일 혹시 그 손님 오시면 잘 닦아드리라고 했더니 근원(가명)이가 분노했다.

“내일 그 자식 오면 구두를 엉망으로 만들어 줘라. 우리 누나를 욕보인 사람은 복수해 줘야해.”

‘어라! 누나 힘들게 했다고 화내는 폼이 어째 밉지 않네. 정말 식구가 되었네! 구두 통을 메고 다녀도 든든한 우리 동생들 있으니 누나 절대 기 안 죽을겨!’

그들을 보면 아무 것도 없는 것 같고 황량해 보이지만, 깊숙이 들어가 보면 끈끈한 정과 진한 의리를 가슴에 가득 품은 고귀한 생명을 가진 아름다운 아들들이다.

힘센 우리 누나

"내가 사망의 음침한 골짜기로 다닐지라도 해를 두려워하지 않을 것은 주의 지팡이와 막대기가 나를 안위하시나이다."
시편 23:4

자전거를 훔치려다 들켜 소년원에서 8개월 살다가 나온 녀석과 함께 살 때였다. 이 녀석이 자전거를 훔쳤던 동네에 갔다가 자전거 주인을 만났다.

"이 놈아! 또 자전거 훔치러 왔냐?"

그 사람은 이 아이를 보자 다짜고짜 두들겨 패서 아이가 만신창이 흙투성이가 된 채 집으로 돌아왔다. 꼴이 하도 기가 막혀 물어보니 옛날 자전거 집 아저씨가 자기를 보더니 무조건 때리더라고 울먹였다. 얼마나 화가 나던지…….

26살 먹은 덩치 좋은 형에게 그 사람을 만나보고 왜 무슨 일로 그랬는지 알아보라고 했다.

"야! 네가 내 동생을 때렸니? 동생이 네 자전거 훔치는 것 봤어? 봤냐고? 우리 누나가 너 좀 보잖다!"

그렇게 다그쳐서 그로부터 다시는 안 그러겠다는 약속을 받고 돌아왔다.

아이들은 자주 불이익을 당했는데 나는 우리 동생들이 이유 없이 맞고 오면 화가 나서 그냥 있을 수가 없었다. 최소한 그 원인을 알아 반드시 바로잡아 주고 싶었다. 아무리 마음을 바로 잡고 살아가려고 해도 엉뚱하게 당해 사회에 나가기를 거리끼며 기가 죽어지내던 동생들은 나의 그런 태도로 어깨에 힘이 들어갔다.

우리가 청소년 관할의 서부 숙소를 빌려 살고 있을 때 그 지역에 살인사건이 났다. 내가 일하는 사이 새벽에 곰(경찰을 뜻함) 두 명이 숙소에 오더니 살인에 쓰인 칼을 찾는다며 다짜고짜 자는 아이들을 깨워놓고 팬티바람으로 얼차려를 시켰다고 했다.

"차렷! 엎드려뻗쳐! 뒤로 돌앗!"

한바탕 소란을 부리는 통에 잠을 설쳤다는 아이들의 말을 듣고 나는 숙소 부근에 파출소로 당장 달려가 호통을 쳤다.

"오늘 새벽에 우리 집에 와서 아이들을 괴롭힌 사람이 누구냐!"

그랬더니 아무도 안 갔었다고 발들을 뺐다.

"너희 관할구역에 너희가 안 오면 누가 왔겠냐? 앞으로 아무런 증표도 없이 내 집에 들어와 우리 집 식구들을 함부로 죄인 다루듯 하면 그 일에 대한 책임을 반드시 물을 것입니다. 명심하십시오."

그러자 아마 서부경찰서 특별 수사 담당자 중에 누가 갔는지 모르겠다고 했다. 나는 한 번 더 우리 동생들에게 선입견을 가지지 말라는 엄포를 놓고 왔다. 그 모습을 밖에서 보고 듣던 녀석들은 자기들의 보호막이 든든하다고 생각되었던지 얼굴에 행복한 미소가 떠올랐다.

또 하루는 얼굴에 흉터 있는 동생이 신천동 파출소 앞을 지나는데 경찰이 잡았다.

"너 어젯밤에 뭐 했니?"

그 지역에 강력사건이 생겼다고 무조건 그 동생을 잡아 신원조사를 한답시고 구타를 했다. 동생이 숨도 제대로 못 쉬며 돌아왔기에 파출소로 전화를 걸어 소장을 바꿔달라고 했다.

“당신 관할 지구에 두 명의 직원이 제 동생을 이유도 없이 때렸습니다. 어디 한번 해 보시겠습니까? 제가 당신들 옷을 벗겨야 알아듣겠습니까?”

“걔는 누나가 없는데 대체 당신은 뉘시오?”

“그 아이를 보호하고 있는 누나입니다.”

내가 반색을 하고 달려드니 그들은 금방 사과를 했다.

“우리 직원이 크게 실수를 했습니다. 무슨 일이든 어려운 일이 있으면 즉시 돕겠습니다. 꼭 한 번 여기에 들려주십시오.”

“아하! 우리 누나가 전화 한 통화만하면 곰들이 벌벌 떨어. 우리 누나가 세상에서 제일 힘이 센 기라.”

아이들은 보호막이 되어 준 내가 자랑스러워 자기들끼리 좋다고 하며 안도의 숨을 쉬곤 했다. 다윗은 여호와께서 우리 목자가 되셔서 그의 지팡이로 우리를 안전하게 지키시니 두려워하지 않는다고 노래했다. 나도 힘없고 기댈 곳 없어 이유없이 당하고 사는 그들의 목자와 든든한 방패막이가 되어 주고 싶었다.

그 아지매는 못 말려!

"여호와를 경외하는 자에게는 견고한 의뢰가 있나니 그 자녀들에게 피난처가 있으리라" 잠언 14:26

영업용 택시로 손님을 모셔다 드리고 돌아오는데 야간 통행금지로 파출소 앞에 바리게이트를 쳐놓고 경찰이 위반차량을 단속하고 있었다. 집을 코앞에 두고 새벽 12시 3분 단속에 걸렸다. 아무리 사정해도 봐주지 않아 포기하고 파출소 벽 의자에 쪼그리고 앉아 있었다. 2시 30분쯤 한숨 자고 기지개를 켜며 일어난 경찰이 조서를 꾸민다고 부르더니 힐끔 쳐다보고는 다짜고짜 이렇게 말했다.

"이게 남자야? 여자야?"

화가 난 내가 대들었다.

"눈으로 남녀 식별도 안 되는 사람에게 무슨 말을 하겠냐?"

"어! 음성을 들으니 여자네."

그러더니 그는 나를 무시하는 태도로 최종학력이 무엇이냐고 물었다. 그 말에 더욱 화가 난 내가 있는 대로 대답을 했다.

"아이구 어쩌나! 머리통에 먹물이 좀 들어 영대 대학원 재학 중인데."

그 말에 놀란 그가 쳐다보더니 태도가 확 바뀌었다. 택시기사는 기름장이라고 사람대접도 제대로 하지 않던 시절, 사람을 함부로 대하는 풍토가 안타까웠다.

하루는 버스 정류장 부근에 대기하고 있자니 경찰이 정류장 20미터 내에 있었다고 딱지를 뗐다. 우선 타고 있는 손님을 목적지까지 태워주고 돌아와서 다시 거리를 재어보니 20미터 전방이 아니라 후방에 있는 것이 확실했다.

비번 날 관할 경찰서 교통과장을 찾아가서 이유를 설명하며 벌금을 못 내겠다고 했더니 비웃으며 들은 척도 하지 않았다.

"아이고 아지매, 신명 꼴리는 데로 하소."

'그럼 한 번 해 봅시다.' 이렇게 마음을 먹은 나는 진술서와 재학증명서 그리고 신문기사 내용을 들고 즉결재판소로 갔다.

"황월순씨, 생활고로 택시를 모는 것 같지 않은데 내 사무실로 한번 들르십시오."

그래서 판사 사무실에 갔더니 사무실 직원이 여기는 아무나 오는 곳이 아니라고 했다. 그러나 내가 영감님을 만나고 유리한 상황으로 판결을 받자 감동이 되었는지 명함을 내밀었다.

"교통위반 스티커 들고 여기에 오는 사람 처음 봤습니다. 도움이 필요하면 도울 테니 언제든 연락하세요."

내가 이렇게 강압적인 공권력을 상대로 북부, 서부, 남부 경찰서에서 다 이기자 그때부터는 재미있는 소문이 났다.

"BBS 아지매는 못 말린다. 확실하지 않으면 잡지 마라! 괜히 규정대로 징계 받을라."

신호대기를 하고 있는데 뒤에 오던 초보 운전자가 운전미숙으로 내 차를 받았다.

"괜찮아요, 내가 실비로 수리하는 곳을 알고 있으니 너무 걱정 말아요."

나는 괜찮다는데 저만치 있던 경찰이 달려오더니 뒤차 운전수를 보고 면허증을 내 놓으라고 했다.

“접촉사고는 쌍방이 합의하면 된다던데 제가 시간이 없으니 봐주세요.”

“안 됩니다. 이것은 사고여서 꼭 딱지를 끊어야 합니다.”

“제가 청소년 선도지도위원인데…….”

“아이고 아지매인교, 소문 많이 들었구마. 얼른 가이소.”

잘못 건드렸다가 직무 유기로 징계를 받게 되니 다칠세라 어서 가라고 했다. “진측에 말을 듣지!”

어떤 아저씨가 밤 11시에 승차했다.

“아지매! 부곡 온천으로 한 탕 뛸래요?”

나는 부곡까지는 멀어서 도중에 정비가 필요할지도 모르니 회사에 들려 정비공 한 사람을 태워서 같이 가자고 했다. 그러자 그는 “어이구, 저기서 내려 주소.” 하면서 내린다고 했다. 개 눈에는 똥밖에 안 보인다더니…….

밤12시에 임박해서 젊은 청년 세 명이 차를 세웠다.

“아지매 가는 곳까지 가면 1000원 줄게요.”

도착을 하니 뒷문으로 두 명이 먼저 내리고 옆에 타고 있던 청년이 그냥 내리려고 했다. 요금을 내라고 했더니 “뭐 이런 게 다 있어.” 하며 화를 내더니 내 안경을 확 잡아 당겼다. 그가 한 쪽 발을 내리려는 순간 나는 악셀을 밟고 한 손으로 멱살을 잡은 채 그를 데리고 파출소를 찾아갔다. 낯선 동네여서 어디에 파출소가 있는지 몰라 불 켜진 가게에 크락숀을 누르고 고함을 질러가며 물어물어 찾아갔다. 파출소 직원은 나를 보더니 신문 기사를 보아서 이미 잘 알고 있다고 했다.

"아이구, 황 기사님이시죠. 이놈들은 순 악질들입니다. 이놈아! 큰 누님이시다. 인사 드려라."

경찰이 아는 체하는 걸 보니 그 동네에서 못된 짓 하는 놈들인가 보다. 그들에게는 나를 여자라고 우습게 봤다가 재수에 옴 오른 날이 됐다. 경찰에게 자초지종을 얘기하며 요금은 대신 꼭 받아쓰라고 했다.

칠성시장 노상에서 장사를 할 때였다.

"메리야스 두 장에 500원! 메리야스 두 장에 500원!"

이렇게 소리치며 액자와 같이 놓고 전을 폈다.

"어디서 개뼉다귀 같은 것이 굴러다니다가 왔노!"

어디서 나타났는지 갑자기 여러 명이 달라붙더니 박스를 던지며 행패를 부렸다. 나는 관리 사무실로 달려가 항의를 했다.

"저 사람들이 내는 자리세가 얼마입니까? 나도 내겠습니다. 무슨 권리로 이렇게 합니까? 나는 BBS위원으로 먹여야 할 동생들이 많아 이렇게 장사를 나왔습니다."

담당직원이 와서 도와주자 거센 눈총들을 보내왔지만 정식으로 자릿세를 내고 노점 상인으로 정착하게 된 계기가 됐다. 안면 있는 사람들이 힐끔힐끔 보면서 내가 하는 일이 민망해져 저만치 돌아가곤 했다.

"집사님, 메리야스 필요치 않습니까?"

오히려 내가 얼른 그들을 부른다.

"아니, 전도사님 맞지요?"

가던 길 돌아온 그들은 믿기지 않아 다시 묻는다.

"아빠! 안면은 아빠 나라에 가서나 찾을게요. 그래야 우리 동생들 양식을 사가잖아요."

8부.

부부연합의 깊은 샘

1. 십자가 생활
2. 아빠와 함께 춤을
3. 평화의 소식
4. 가정회복의 묘약
5. 돕는 배필

십자가 생활

"내가 그리스도와 함께 십자가에 못 박혔나니 그런즉 이제는 내가 산 것이 아니요 오직 내 안에 그리스도께서 사신 것이라 이제 내가 육체 가운데 사는 것은 나를 사랑하사 나를 위하여 자기 몸을 버리신 하나님의 아들을 믿는 믿음 안에서 사는 것이라" 갈라디아서 2:20

1987년 성탄절 즈음이었다. 어머니께서 출석하시는 대구 동부교회에 들러 교역자와 직원들 그리고 관리 집사님께 카드로 인사를 드렸다. 관리 집사님은 카드를 받고 반가와 하시면서 신문을 가지고 오셨다.

"저는 전도사님을 전부터 알고 있습니다. 전도사님께서 시민 상을 받으신 것이 신문에 났지요. 이 기사입니다. 하나님께서 신문에 난 전도사님을 위해 중보기도를 하라고 하셨습니다. 그리고 전도사님은 십자가 생활을 해야 한다고 제게 말씀하셨습니다."

2년 2개월 동안이나 나를 위해 중보기도를 하고 계셨다니 참으로 고맙다는 생각에 감격하고 있는데 집사님께서 다시 질문을 하셨다.

"전도사님, 요즘은 무엇을 하고 계십니까?"

"일본 선교를 준비하고 있습니다."

"일본선교를 하시면 성령님이 역사하시지 않습니다."

"그러면 어떻게 하라고요?"

"십자가 생활을 하셔야 합니다. 그런데 전도사님은 하나님의 음성을 듣습니까?"

"예."

"육성으로 듣습니까? 말씀으로 듣습니까? 아니면 느낌으로 듣습니까?"

나는 '처음 만난 사람의 질문치고 참으로 별나네.'라고 생각하며 그냥 웃었다. 그리고 '아니 내가 헌 옷만 입고 살았는데 내가 무슨 일을 더 어떻게 하나'하며 현재의 내 생활이 최고의 십자가 생활이라고 생각하던 터라 그 말뜻을 알아듣지 못하고 무시하며 그냥 일본비자가 나오기를 기다렸다.

비자를 받고 일본에 온 지 일주일 후, 아주 큰 교통사고가 났다. 차는 대파되었지만 안내하시는 사모님과 나는 다행히 다치지 않았다. 그 후 동부교회 집사님 말씀에 이런 뜻이 있었구나 하는 생각이 났다. 나는 모든 일정을 취소하고 돌아와 집사님을 찾아갔다.

"전도사님께서 돌아오실 줄 알았습니다."

"집사님, 십자가 생활이 무엇입니까?"

"한 순간씩 사는 것이 십자가 생활입니다. 예를 들어 아침을 먹었으면 점심 먹을 생각하지 말고 오직 하나님만 바라보는 것입니다. 조용한 곳에 가서 하나님만 바라보고 기도하십시오."

"조용한 곳이 어디 있습니까?"

집사님은 팔공산 수양관을 가르쳐 주었다. 일본 일정도 접고 사고 자동차 수리비로 백만 원을 보내는 바람에 약간은 심술도 났을 때였다. 힘없이 겨우 배낭을 준비하고 신을 신으려고 하는데 아빠는 "운동화 신지 그래?"라고 하셨다.

"아니, 아빠 제 발에 무좀을 아시면서!"

"그래도 비가 오면……."

"비가 오면 갈 곳도 없는데 방 안에 박혀있으면 되지."

"그래도 혹시 비가 오면……."

운동화 신으라고 세 번이나 권했지만 나는 생각 없이 그냥 샌들을 신었다. 수양관에 간 지 5일째 되는 날, 어떤 사람이 상담을 요청해 와서 수양관을 잠시 내려가야 했다. 그 날은 비가 많이 오고 내려가는 길이 1시간 거리여서 비 오는 산길을 샌들을 신고 내려오자니 발이 다 벗겨졌다. 그제야 깨달음이 왔다. 산으로 올라가는 동안 말씀이 들렸다.

"우산 들지 마라, 너로 하여금 나의 기운을 느끼게 하고 싶다."

나는 아빠의 말씀대로 강풍과 함께 비가 오는데 온 몸을 적시며 바람에 밀려 올라갔다. 아빠가 가까이 계심을 느낀 후 비가 오는 날이면 그 때 느낌을 자주 회상하곤 한다. 그런 다음 아빠께서는 신랑의 모습으로 오셔서 드레스를 입혀 주시고 좋은 집에 큰 신방을 차려 신혼여행을 온 황홀한 신부처럼 사흘을 지내게 하셨다. 그 후로 나는 호흡할 때마다 아빠가 함께 계신 것을 느낀다.

아가서 말씀처럼 잠을 잘 때도 나의 오른쪽에서 왼팔로 베개를 해서 안아주신다. 식사 때도 자주 오셔서 저것은 고 단백질이고 이것은 칼로리가 높다 하시며 수저를 들 때마다 다음 번 반찬을 챙겨 주셨다.

미적인 감각이 없는 나에게 옷을 입을 때도 상의와 하의를 골라서 어울리도록 이것, 저것 입으라고 참견하신다. 미용실에 가서 머리를 만질 때도 '아빠 어떤 스타일로 하실지 아빠가 결정하세요. 아빠의 원하는 스타일을 저 전문가의 생각과 입술에 넣어 주세요.' 라고 하면서 신랑을 기쁘게 하는 신부의 마음으로 아빠를 향해 미친 듯 살고 있다. 이렇게 시작된 십자가 생활은 나의 모든 계획과 일들을 내려놓게 하시고 오직 아빠 안에서 한 순간씩 사는 사람으로 훈련받게 하셨다. 아빠의 아름다운 사업을 내게 맡기시려고.

아빠와 함께 춤을

"푯대를 향하여 그리스도 예수 안에서 하나님이 위에서 부르신 부름의 상을 위하여 달려가노라" 빌립보서 3:14

허리 아래 문화가 만연한 21세기에 파괴되어 가는 가정회복을 위해 아빠께서는 무식하고 우둔한 허물 많은 계집을 종으로 택해 주셨다. 전능하신 하나님의 무한하신 방법과 우리 주 예수 그리스도의 보혈의 능력으로 각 가정의 침상이 회복되기를 기도하며 살고 있다.

1988년 어느 여름밤이었다.

달이 휘영청 밝은데 내가 머물던 수양관 식구들은 모두들 잠들었다. 그때 나는 아빠와 함께 노랫가락을 부르며 춤을 추고 있었다. 밤10시부터 시작된 춤은 새벽 3시까지 계속되었는데 '쾌지나-칭칭-나네' 이 노랫가락에만 맞추어 반복되는 춤이었다. 두 팔을 벌리고 흥에 겨워 덩실덩실 춤을 추는 동안 감격뿐이었다. 흰 두루마기에 보통 사람의 형상으로 오신 아빠와 나는 서로의 그림자를 밟으면서 '쾌지나-칭칭-나네' 노래를 부르며 춤을 추었다.

아빠는 등에다 축구공만한 공을 하나 넣은 채 꼽추 춤을 추셨는데, 허리를 45도로 구부리고 시선을 땅으로 고정시키고 계속 춤을 추셨다. 새벽이 되자 나는 너무 졸렸다.

"아빠! 너무 졸려서 내일을 위해 자야겠습니다."

“밤을 만든 것이 후회스럽다.”

“아빠! 제가 잠들면 제 모습이 험상궂은 모습인지 천사처럼 예쁜 모습인지 봐 주세요.”

나는 그러면서 잠이 들었다. 다음 날 아침 10시쯤 아빠께서 물으셨다.

“아담과 하와가 사랑해서 낳은 첫 열매 가인이 왜 살인자가 되었는지 아느냐?”

“아빠, 저와는 상관없잖아요. 전 관심 없어요.”

나는 솔직히 대답했다. 왜냐하면 어젯밤 아빠와 함께 춤추던 감격을 깨고 다른 이야기를 하고 싶지 않았기 때문이다.

“그래도 물어보지. 아담과 하와가 낳은 첫 열매가 아우를 돌로 쳐 죽인 사실을 한번 물어보지.”

아빠는 오후3시 반까지 똑같은 질문을 계속하셨다.

‘내가 무엇이기에 아빠는 내게 이렇게도 간절히 질문하시며 내게 알기를 원하시는지’ 나중에는 나도 궁금해졌다.

“아빠 미안해요, 동생을 왜 죽였지요?”

“아담에게서 갈비뼈를 취해 여자를 만들어 함께 에덴동산에 머물게 하고 그들이 기뻐하며 흥분(이는 내 뼈 중에 뼈요 살 중의 살이라 -창세기 2:23)하고 있었다. 그 때 뱀이 여자에게 다가가서 갈라진 혀로 그들을 속여 죄를 짓게 하고 그들이 쫓겨난 다음, 아담이 여자와 동침하면서 하와(모든 산 자의 어미)로 이름을 지어 소속시켰다. 첫 아들이 동생을 죽인 살인자가 된 원인은 타락 이후 아담과 하와의 부부관계가 잘못 되었기 때문이다.”(하와라 칭하기 전 창세기 2:22-3:16까지 여자라 칭한 것이 12번이다)

아빠는 계속해서 설명해 주셨다.

“일반적인 부부체위는 아내는 아래에 남편은 위에서 행한다. 여인은 하단에서 두 가지 폼을 취한다. 하나는 남편의 허리를 껴안는 자세로 이는 나는 당신의 허리힘을 꺾어 놓겠다는 것이고, 또 하나는 두 팔을 어깨 옆으로 벌려 놓은 자세인데 이는 나는 너를 전혀 돕지 않겠다는 뜻이다. 남편이 상단에서 아내에게 행하는 자세는 지속적인 압박을 가하는 자세이다."

이 설명을 듣고 난 후 나는 충격을 받았다. 왜냐하면 가인이 동생을 죽인 사건에 대해 별다른 생각이나 관심을 가지고 있지 않았기 때문이다.

"아빠, 그러면 에덴에서 뱀의 미혹을 받지 않았다면 처음에 남자와 여자는 어떤 모양으로 부부관계를 하게 하셨는데요?"

아빠는 자식은 '무릎 위의 상급'이라는 말씀을 비유로 하시면서 내게 깨달음을 주셨다. 무릎 위의 자식은 아주 가까운 데서 잘 보이는 선물이라는 뜻이며, 함께 앉아서 남편이 아내를 안아주는 폼을 연상시켜 주셨다. 아빠께서는 계속해서 설명을 덧붙여 주셨다.

"남편의 무릎 위에 안겨진 아내의 눈은 남편의 머리에 고정되어 '당신은 나의 머리요, 나의 왕이요, 나의 주시요, 나의 생명이요, 나의 전부요'라고 노래하는 모습이고, 남편의 눈은 아내의 가슴에 고정되어 남편이 노래하기를 '당신은 나의 고향이요(엄마의 젖을 먹고 자랐기에) 당신은 나의 기업을 무를 자요, 당신은 생명을 더할 자요, 당신은 나의 허물을 가리울 자요, 당신은 나의 어여쁜 자'라고 노래하며 행하는 자세가 나의 방법이다."

나는 이 말씀을 듣고 오랫동안 성에 대한 문화와 부부관계를 어떻게 소화하며 전해야 할지 고민하고 기도하며 몇 개월을 보냈다. 그러던 어느 날 나는 용기를 내어 가장 충성된 친구 부부를 찾아갔다. 가는 길에 사단은 많은 방해를 해 왔다.

이렇게 협상도 제의했다.

“네가 찾아가는 그 집은 부부관계에 아무런 문제가 없지 않느냐? 네가 만약 그 누구에게도 이 소식만 전하지 않으면 내가 일평생 동안 너를 교통사고 나지 않게 해 주마.”

뿐만 아니라 자주 갔던 친구의 집을 잘 찾지 못하게까지 해서 30분 동안 배회하며 고생을 하게 했다. 나는 친구에게 조심스럽게 내가 해결할 수 없는 숙제 하나가 있는데 부탁을 저버리지 말라고 하며, 아빠께서 말씀하신 자세 하나하나를 설명하며 전해 주었다. 이 과제를 잘 행한 후에 그 결과에 대해 나도 알고 싶다는 말을 남기고 그 집을 떠났다. 2개월 후 다시 그 친구의 집을 찾아가서 물으니 그들의 대답은 한마디로 어렵다는 고백이었다. 옷을 벗고 누웠다가 일어나 앉아서 행하는 것은 첫째 방이 추워 을씨년스럽고, 둘째 피차 어색하다고 해서 우리 부부의 체질과 맞지 않는다고 잘라 말했다. 나는 아빠께 질문을 드렸다.

“아빠, 저들의 고백을 들으셨지요?”

“그러면 누워서 행할지라도 흙으로 지음 받은 남편은 하단에, 남편의 몸에서 취한 바 된 아내는 남편이 존중히 여기고 높여주지 않으면 정녕 높임을 받을 곳이 없으니 반드시 아내를 상단에 받들라. 죽음을 무릅쓰고 기업(자녀생산)을 물려준 자기와 한 몸인 그 아내는 남편의 모든 허물을 덮어주고 삶의 여정의 희로애락을 끝까지 동행해 줄 사람이니, 매일매일 사랑의 빚 외에는 어떠한 빚도 남기지 말라(로마서 13:8)”

아빠께서는 이렇게 대답해 주시며 농부는 땅만 보면 개간하고 씨를 심고자 하듯이 남편은 아내만 보면 품고 씨를 심고 싶어 한단다. 그래서 기도하는 시간 외에는 분방하지 말라고(고린도 전서 7:5) 말씀하셨다. 그 시간은 남편이 아내에게 충분한 사랑과 수고

한 고마움을 표현할 수 있고 둘이 하나 되어 변함없는 기업을 생산하는 시간이라고 하셨다. 이런 고귀한 남편의 사랑에 묻혀 한 밤을 지낸 아내는 식물이 매일 밤이슬을 먹고 자람과 같이 하루 종일 남편만 사모하는 아내(창세기 3:16)로 지치지 않고 가사 노동을 할 수 있고, 자녀들은 부모의 고귀한 삶을 보는 참교육을 받음으로 아름답고 슬기로우며 지혜롭게 성장할 수 있다고 말씀하셨다. 뿐만 아니라 시편 23:1-6과 같이 아내는 남편을 주로, 목자로 따르는 순한 양이 되어 순복하기를 즐겨 할 것이라고 하셨다.

평화의 소식

"땅이 혼돈하고 공허하며 흑암이 깊음 위에 있고 하나님의 신은 수면에 운행하시니라" 창세기 1:2

평화의 집 아이들을 한 명 한 명 가까이 보면 이해할 수 없는 수수께끼가 있다. '전쟁고아도 아닌데 어찌하여 천하보다 소중하고 눈에 넣어도 아프지 않을 아이들의 친권을 포기하고 이들을 길 밖으로 내몰았을까? 뼈를 깎는 아픔을 딛고 낳은 자식들, 지구촌 역사를 이어갈 대견한 아들들인데 왜 밖으로 내 몰았을까?'

이런 생각을 가지고 나는 오랜 세월을 고민해 왔는데 드디어 아빠가 만족스런 해답을 주셨다. 수면에 운행하시는 하나님께서 각 사람에게 빛을 비추지 않으시면, 혼돈과 공허와 흑암이 전부인 사람들에게 영혼을 사랑하는 마음이 들 수가 없다. 자식을 포기한 사람들은 생명에 대한 애절한 사랑보다는 땅을 더 사랑하며 살아가고 있다고 말씀하셨다. 흙의 본질이 바로 혼돈과 공허와 흑암이기 때문이다.

1987년 아빠가 춘 꼽추 춤에 대한 의미도 마찬가지다.

지난 2006년 봄, 20년이나 지난 후 그 때 왜 아빠가 꼽추 춤을 추셨는지 말씀해 주셨다. 그것은 각 사람들의 삶이 나름대로는 즐거워서 춤을 출지라도, 그들의 시선은 땅에만 고정되어 있기에 그런 삶의 모습을 그려 주신 것이라고 설명해 주셨다. 오랜 세월 동안 나름대로 길거리에서 찾은 나의 식구들을 사랑하며 정신없이 달려가고 있을 때 아빠께서 말씀하셨다.

"네가 좋아해서 운영하는 '평화의 집'은 타인에게는 그리 큰 영향을 미칠 수 없지만 내가 주는 참 평화를 얻으면 온 땅을 평화롭게 할 수 있다."

나는 아빠가 주시는 참 평화가 무엇인지 처음에는 알 수 없었지만 후에는 깨달았다.

'공중 권세를 잡은 영들이 각 가정에 들어가 특별히 침소에서 아름다운 연합을 방해하는 것을 사람들에게 하나님의 방법으로 회복하게 하는 것이 바로 평화의 소식'이라는 말씀이셨다.

가정회복의 묘약

“이러므로 사람이 부모를 떠나 그 아내와 합하여 그 둘이 한 육체가 될지니 이 비밀이 크도다 내가 그리스도와 교회에 대하여 말하노라” 에베소서 5:31-32

여성 중 어떤 상담자들은 나에 대해 불만을 많이 표현한다.

“왜 남편 위주로 모든 걸 끼워 맞추세요?”

그것은 씨보다는 토질이 중요하다고 성경에서 배웠기 때문이다.

부부연합에 관한 소식을 전할 때면 공중 권세를 잡은 영들에게 매 순간 공격을 받았고 죽을 만큼 아프고 비통한 경험을 많이도 당했다. 성경에서 말씀하시는 부부의 위치는 평등이 아닌 주종의 관계다. 아담과 하와를 동일한 흙덩이로 동시에 만들지 않았고 아담을 먼저 만들고 하와는 아담이 잠들매(남편의 안식 중에 여성이 탄생했다) 12갈비뼈 중 하나를 취해 남편을 돕는 배필로 만드셨음이 분명하다. 창조주가 정하신 질서 속에서 아내는 남편을 종일 사모하고 주로 순종하고 종이 주인에게 복종하듯 해야 부부관계가 정립되는데 가정 속에 들어가 보면 자존심 싸움에 여념이 없다.

우리와 친숙한 대중매체 속의 남녀관계는 평등을 넘어서 여성우월까지 가고 있다. 남편을 존경하지 않는 것이 당연하다는 듯 극중에서 대화체는 존칭어가 아닌 대부분 평어 선택을 하는 등 아빠의 질서에 역행하고 있다. 남편을 주인으로 인정하고 그에게 소속되어 높여드리지 않으면 자녀들 또한 아빠를 존경하지 못한다.

그럴수록 사단은 남편을 무시하도록 계속 자존심을 내세워 분방까지 가게 한다. 우리는 각 가정의 아버지가 하나님의 모형적 역할을 한다는 것을 잊어서는 안 될 것이다.

어떤 가정이 상담 중 부부관계에 대해 이야기했다. 그 부부는 어쩌다 마주치면 연합을 하고 끝나면 각자 샤워를 하고 곧장 다른 방으로 간다는 것이다. 아빠께 그 문제를 여쭈어보니 서로의 마음에 있는 가시를 보여주셨다. 즉, 남편과 아내 마음속에 자존심이 상했던 문제들을 회복하지 않으면 각각 다른 이를 가슴에 품게 되고 영혼이 없는 육체로만 살아간다. 민감한 한 부분을 다른 이에게 내어 주니 온전한 마음으로 남편을 사모하지 않아 뼈 중에 뼈요, 살 중의 살로 하나가 될 수 없다. 가시가 손가락 끝에 박혀도 온 몸이 아픈 것처럼 마음에 가시가 찔리면 영혼이 상해 얼른 뽑아야 하는데 사람들은 무엇인지 분간도 할 수 없고 오히려 가시 쪽으로 치우쳐 분방을 합리화시킨다.

대개 분방하는 이유를 들어보면 아기 칭얼대는 소리에 남편은 서재로 가고, 남편의 코고는 소리에 잠 못 이룬다고 아내는 다른 방으로 가고, 또 서로의 몸이 맞지 않는다고 멀리한다는 것이다. 그러나 신묘막측하게 지음을 받은 장기들은 섭취한 에너지로 매일 할 일들을 능히 감당한다. 이와 같이 서로 사모하는 마음만 있으면 매일 감당할 수 있다. 일 년에 서 너 번 만나게 하고 체질 핑계 대는 것은 창조주를 믿지 않는 것이다. 숨 쉬는 순간과 사랑해야 할 나날은 하나님께 받은 가장 소중한 선물이다. 그런 시간들을 그냥 지나가게 허비하는 것을 볼 때마다 너무 안타까워 나는 아빠께 침상관계까지도 질문을 드린다. 잠자는 방향부터 연합하는 자세, 연합이 끝난 후의 마음가짐과 대화 등을 묻고 하나하나 마무리 시간까지 아빠는 그 방법을 내게 설명해 주신다.

벌거벗었으나 부끄럽지 않는 것이 부부이니 넉넉하고 열려 있는 마음일 때 서로를 세워주는 언어로 영혼을 풍성케 하라고 말씀하셨다.

하나님께 열심을 다해 신앙생활을 하는 아내들이 경건을 이유로 남편이 아내를 품고자 하는 갸륵한 욕망을 무시하는 경우를 많이 보았다. 어떤 아내는 임신이 되면 남편이 귀찮아 아예 분방을 한다. 또 다른 아내는 아이들은 껴안고 자면서 남편에게 문을 열어주지 않고 각방을 쓰면서 거절하는 경우도 보았다. 열렬히 단 한 번만이라도 사랑을 받아봤으면 하고 탄식하는 남편도 보았다.

어떤 남편은 넘쳐나는 정욕을 감당치 못해 괴로워하며 제발 그 힘을 없애달라고 기도한다고도 했다. 그리고 연합하는 시간에 항상 "나, 너무 힘들어. 빨리 끝내!" 하며 요구하는 아내도 있었다.

창조주의 생육하고 번성하라는 명령과 기운이 남성에게 있기에 정욕이 넘칠 텐데 경건만을 주장하는 아내들이 소화를 못해 내고 있는 것이다. 아내들이 교회일, 직장일, 가정의 일을 한다고 남편에 대한 사랑을 쉽게 놓쳐버린다.

가장 소중하게 남편 사모하는 일을 우선으로 해야 하는데 남편이 밝힌다(?)라는 죄명을 뒤집어씌우고 절제하지 못 한다고 구박한다. 우리에게 서로 사랑하라고 아름다운 새 계명을 주셨는데 자기에게 초점을 맞추어 섬기면서 다른 일로 감추려 든다. 이런 아내의 자세가 끝까지 바뀌지 않을 때 이혼의 사유가 될 수 있지도 않을까?

어떤 자매가 신혼 초에 남편과의 기싸움에서 이긴 간증(?)을 자랑스레 하는 것을 들었다.

일 년 동안 기싸움을 하면서 남편이 하는 행동에 대해 자기는 더 세게 나왔단다. 남편이 밥상을 둘러엎으면 자기는 제일 큰 접시를 들고 나와 자개농에 흠이 나도록 세게 획 집어 던지든지 해서 결국 성공했다는 것이다,

그녀의 말인즉 남편은 신혼 초부터 잡아야 한다며 후배들을 가르치는 중이었다. 그러나 아빠는 그 방법은 절대 아니라고 하신다.

또 시댁 식구들을 험담해서 남편의 고향을 흔드는 것은 죽을 때까지 해서는 안 된다고 말씀하신다. 부부는 한 몸이어서 남편을 흔들면 나도 흔들리고 남편을 쉬게 하면 나도 쉼을 얻는단다. 또한 부부는 날마다 즐거움을 만드는 변함없는 '기업'이라고 하셨다.

그런데 자존심 문제로 쉽게 이혼하고 재혼하면 나쁜 일이 반복되지 않고 Sweet Home이 될 것으로 기대해 보지만, 아빠가 가르쳐준 방법이 아니면 재혼도 해결책이 아니라고 하셨다. 즉, 남편과 아내가 주종관계임을 잊지 말라는 것으로 만약에 남편에게 문제가 보이면 직접 가르치지 말고 남편을 지으신 아빠께 고하면 아빠께서 직접 다스리신다는 것이다. 그리고 궁금한 것이 있으면 남편에게 아름다운 마음으로 조용하게 부드럽게 말하라고 하셨으며, 감미로움에 취한 남편은 아내를 더욱 사랑하여 남편으로 흔들리지 않도록 해야 한다고 말씀하셨다.

아빠는 사람을 지으실 때 70이든 80이든 강건하게 살다 가도록 했지만 우리는 그 연한이 차기도 전에 지체가 병들어 사라져간다. 아빠께 나아와 삶을 방해하는 요소들이 무엇인지 올려드리고 어떤 삶이 걸림돌이 되었는지 그동안 자기의 삶을 돌아본다면 아빠는 간구하는 만큼 건강을 다시 회복시켜 준다. 특별히 침상의 회복으로 온전히 하나가 될 때 깊은 샘을 이루어 영육을 촉촉이 적시게 한다는 것이 아빠의 아름다운 약속의 말씀이시다.

돕는 배필

"내가 그를 위하여 돕는 배필을 지으리라" 창세기 2:18

1995년 첫째 딸을 낳고 손에 습진이 생겨 둘째를 가졌을 때까지 낫지 않아 힘들어 하는 자매를 만났다. 손은 도움을 주며 협력하는 지체인데 이상한 것이 손으로 올라왔다고 했다.

"전도사님, 저는 남편을 최선을 다해 도왔어요. 결혼해서 남편이 신학대학원 네 학기를 다니는 동안 애기 낳고 키우며 학원을 경영해 남편의 뒷바라지를 다 했는데 뭐가 잘못됐는지 모르겠어요."

"모친의 삶은 어떠합니까? 아버지를 많이 도왔나요?"

"모친은 모든 일들을 잘 처리하시는 분이나 믿음의 도에서 떠난 부친에게 무관심했고 혼자 신앙생활 하셨지요. 자녀들도 사랑으로 돌보지 않아 성장할 때 집이 늘 춥게 느꼈고요."

그래서인지 공부도 잘 했고 교회에서 피아노반주도 하면서 열심히 봉사하며 모범생으로 살았던 자매지만 가정에서 아내의 위치는 전혀 알지 못했다. 대부분 자매들은 모친의 삶을 보며 배우는데 이 자매는 모친이 남편을 돕는 것을 보지 못했으니 당연히 알 리가 없었다. 그래서 아빠께서 성경을 통해 알려주시는 부부의 삶이 무엇인지 들려주었다.

"하와는 돕는 배필로 만들어졌습니다. 아내는 먼저 지음을 받은 남편에게 소속되어 하나가 되어야 합니다. 또 남편에게 안식을 얻고 사랑을 공급받아 살아가는 것이 아내의 자리입니다."

자기중심적인 삶에서 남편에게 초점을 맞추어 살아가자 손은 곧 다 나았는데 부부연합에 대한 것도 잘 알지 못해 계속 알려주었다. 우리 집과 이웃이기에 밤에 세 명의 자녀(5,3,1세)를 재우는 일부터 같이 했다. 그 전에는 자정이 넘어서야 가사 일을 마쳤고 그 후엔 지쳐서 잠자기 바빴다지만 아이들이 숙면하는 것을 보고 나는 집으로 돌아왔다.

부부의 시간을 가지면서 남편은 아내가 종일 가사노동과 육아를 담당했으니 수고한 아내에게 사랑의 언어로 피로를 풀어주고(아내도 마찬가지) 아가서의 노래 "나의 누이 나의 신부야 네 사랑이 어찌 그리 아름다운지"(아가서 4:10)를 불러 마음을 풍요롭게 하며, 아름다운 사랑의 시간을 가지라고 했다. 그리고 아내는 하루 종일 남편을 사모하고(창세기 3:16) 남편을 주께 하듯 "사라가 아브라함을 주라 칭하여 복종한 것같이"(베드로 전서 3:6) 존경하는 것이 여인의 기본이라고 아빠의 말씀을 전했다. 그 후 그 자매는 남편의 사랑의 언어를 들으면 그 언어가 혈관을 통해 온 몸에 생기를 느끼게 되는 것 같다며 삶이 너무 행복하고 즐겁다고 했다.

며칠 만에 들렸더니 자매는 아이들 영어테이프 구입하는 문제로 부부싸움을 해서 화가 나 있었고 배도 많이 아프다고 했다.

"아픈데 왜 전화하지 않았나요?"

"부부싸움의 원인을 알고 있어서 스스로 해 보려고 안간힘을 쓰고 있긴 하지만……."

"빨리 싸움을 끝내고 원위치로 돌아와 종일 남편만 사모하는 본분에서 이탈하지 않았으면 아프지 않았을 거예요. 제가 신문에서 부부가 연합할 때 몸 안에서 나오는 열로 나쁜 병균을 모두 박멸하고 어떤 부분의 암세포까지 밀어 낸다는 연구결과를 봤어요. 좋은 치료사가 옆에 있는데 사랑하면 될 것을 왜 안 하세요? 부부연합을 즐겁게 하는 아내는 피부도 좋아지고 질도 튼튼해져서 잔병도 없어진답니다."

그 때 아빠께서 또 다른 비밀을 말씀해 주셔서 여성백과에서 다루고 있는 성에 대해 찾아보았다. 남자가 한 번 사정할 때 아내의 질 속에 들어오는 정액 속에는 정자가 2억~3억 마리라고 한다.

수명은 3일 정도로 남편에게서 나오는 이 생명체가 사랑하는 아내의 몸을 건강하게 하며 그것은 자연분만과 모유를 먹인 엄마와 아기가 더 건강해지는 비법과 같은 원리라고 설명하셨다. 그리고 몸 안에 들어온 남편의 생명체를 곧바로 씻지 말고 소중하게 아내의 몸에서 오랜 시간 활동하게 기다리라고 하셨다.

아빠께서 성경 한 구절을 주시며 아내의 언행을 가르쳐 주셨다. "그러나 나는 너희가 알기를 원하노니 각 남자의 머리는 그리스도요 여자의 머리는 남자요 그리스도의 머리는 하나님이시라"(고린도 전서 11:3)

입이 머리에 붙어 있으므로 여자가 남편을 가르치는 것을 허락하지 않았다. 또 아내는 돕는 자로 있지 남편을 주관하는 자세로 대하면 남편이 마음이 상하여 마음을 열지 않는다고 한다. 선한 싸움을 할 때도 가르치는 언행이 되어서는 안 되고 부탁하고 부드러운 말로 하는 것이 지혜로운 방법이라고 하셨다. 또 해가 지도록 분을 품지 말라(에베소서 4:26)는 말씀처럼 마음의 서운한 것이나 화가 나는 일도 선한 싸움으로 여겨 마음을 풀고 일흔 번씩 일곱 번(마태복음 18:22)이라도 용서하며 기도하는 것 외에는 분방하지 말아야 할 것(고린도 전서 7:5)이라 했다.

그 후 그 자매는 서로 화해하고 기도하며 온전히 인격적으로 하나로 연합하니 사랑의 풍성함을 말로써 표현하기 벅차다고 했다.

아름다운 사랑의 시간에 마음과 몸이 연합하여 사랑을 나누는 것은 그 다음날 살아가는 힘과 자녀들을 넉넉하게 사랑으로 품을 수 있는 에너지가 된다고 했다.

아빠는 우리를 시냇가에 심은 나무(시편 1:3)로 비유하셨다. 초목은 밤이슬의 촉촉함으로 한낮의 태양에도 목마르지 않고 뿌리에 수분이 공급되듯이, 밤에 남편이 베푸는 사랑은 아내에게 밤이슬과도 같다고 하셨다.

또 하루는 밤에 애기들 잠자는 것을 도우러 갔더니 이부자리가 펴졌는데 큰 베개가 왼쪽에 놓여 있었다.

"자매님, 베개가 큰 것이 남편 것이지요? 남편께서 어느 쪽에서 주무시나요? 아가서 2:6 에 '그가 왼손으로 내 머리에 베개하고 오른손으로 나를 안는구나'라는 말씀에 나타났듯이 오른쪽에는 남편이 누우므로 아내의 주권자임을 나타낸다고 합니다."

그리고 옆에 기분이 좋아 싱글벙글한 남편에게 부탁했다.

"잠 잘 때 아내를 먼저 잠들게 하고 잠을 청하라고 아빠께서 말씀하십니다. 코도 역시 머리에 속해 있기에 남편이 먼저 무의식 세계에 들어가면 사모하던 아내가 질식할 것 같이 힘들고 씁쓸하다고 합니다. 먼저 쉬고 싶을 때는 반드시 양해를 구하라고 하셨습니다."

그 자매는 처음에 머리로 인정하고 남편 안에 들어가는 것이 힘들었지만 머리 된 남편에게 순복하는 것이 마땅하다(베드로 전서 3:1)는 말씀에 의지하여 아빠의 도우심으로 훈련하며 나아갔다.

처음에는 남편 쪽에도 문제가 있다며 변화되기를 기다렸는데 후에 아내가 변하는 만큼 남편도 가족을 사랑으로 잘 돌보는 가장이 될 것이라고 아빠께서 말씀하셨다.

9부.

아빠와 함께

의의 교훈

"사람이 그 친구와 이야기함같이 여호와께서는 모세와 대면하여 말씀하시며" 출애굽기 33:11

1981년 '예수전도단' 제자훈련을 받을 때부터 아빠의 음성이 들리기 시작했다. 당시 나는 같은 방을 쓰는 자매를 몹시 못마땅해 하던 중이었다.

'저 자매는 무엇 때문에 이 훈련을 받을까? 대체 저 자매가 이 훈련을 받고 세상에 무슨 덕을 끼칠 수 있단 말인가?'

나는 그 자매가 못마땅해서 잠자는 시간 외에는 바깥으로 배회하고 있었다. 그날도 그 자매에 대한 부정적인 생각을 하며 산이 보이는 곳에 가서 서있었다. 그때 아빠는 내게 대화를 요청하시고 내가 자연을 향해 걷기만하면 말씀으로 내 시각을 바꾸어 주셨다.

"네가 저 산의 소나무라면 그 사람은 갈대란다. 갈대는 모여 있으면 바람막이가 되는데 소나무는 그렇지 못하단다. 그 사람은 다른 사람을 위로해 주는 특징이 있지 않더냐? 단점도 있지만 장점도 있다는 것이다."

땅에 붙어 피어있는 작은 들꽃을 바라보자니 아빠의 말씀은 큰 위로가 되었다.

"저렇게 작은 꽃도 너와 나를 위해 내가 지은 꽃이다."

그때 주위 사람들은 나를 일러 '기숙사 사감체질'이라고 했다. 하지만 점차 내 눈을 바꾸어 주시니 내 얼굴도 부드럽게 변화되었다. 모든 사람들이 다른 상황과 사정이 있기에 살아가는 방식도 다양하다는 것을 깨닫게 하셨다.

어느 날은 비석 앞에 서있는데 아빠께서 물으셨다.

"오늘 두 시간 이후 너를 천국으로 부른다면 너는 지금 무엇을 하겠니?"

"저는 좋아하는 성경을 챙겨 들고 만나는 사람들에게 천국 갈 준비를 하라고 큰 소리로 말하겠습니다."

구름이 많이 낀 날 하늘을 바라보다 무심코 중얼거렸다.

"오늘은 해가 안 떴네."

"해가 안 뜬 것이 아니라 구름이 해를 가리었단다. 매일 해는 뜬단다. 그처럼 내가 나의 사랑하는 자녀를 보살피지 않는 날은 없단다."

세상의 모든 것을 우리를 위해 지으셨다고 말씀하시는 아빠! 매일 사랑하는 자녀를 돌보시는 자상한 아빠를 위해 어떻게 내 마음을 드리지 않을 수 있으리오!

화목이네

"화평하게 하는 자들은 화평으로 심어 의의 열매를 거두느니라"
야고보서 3:18

84년 모 교회를 섬기고 있을 때 임산부가 눈에 띄었다. 산모와 어린 생명을 축복해 주고 싶어 다가갔다. 키가 작은 산모는 수심에 눌려 말조차 잃은 것 같았다. 절망에 싸인 가련한 영혼이 마치 곧 죽을 것만 같았다. 그냥 보내기에 안타까워서 성도들과 인사 나누는 것도 뒤로 하고 그녀의 집까지 따라가며 상담을 했다.

27세인 그녀는 가난한 산골에서 태어났다.

2남 1녀의 외딸로 초등학교 졸업 후 진학을 접고 가사를 돕다가 동네 청년을 만나 사랑하게 되었다. 성에 대한 이해와 지식이 없던 그녀가 임신을 하게 되자 집에서는 집안 망신이라며 그녀를 내쫓았다. 오갈 데 없이 길거리로 내몰린 자매는 복지단체의 도움으로 출산을 했다. 그리고 친권을 포기한 후 다시 직장을 잡은 곳이 다방이었다.

그녀는 일 년 전 한 청년을 사랑하다 동거를 했는데 두 달 후에 남자가 전화번호만 남기고 서울로 올라가 버렸다. 그 사이에 임신을 하게 되자 남자 친구에게 연락을 했지만 전화번호는 가짜였고 사실은 도망을 간 것이었다. 할 수 없어 불러오는 배를 안고 남자친구를 찾아 나섰지만 찾지 못하자 본가를 찾아갔다고 했다.

"버린 자식이니 너희들이 알아서 해라."

차갑게 문전박대를 당하고 가지고 있던 돈도 바닥이 나자 그녀는 대구에 있는 오빠네로 갔다. 하지만 올케의 차가운 눈총에 더 이상 버티기 힘들어 어릴 때 다니던 교회에 한 번 나가보고 자살을 하려고 했단다. 나는 일단 그녀에게 오빠네 가서 짐을 들고 내가 머무는 사택에 와서 같이 지내자고 했다.

함께 살게 된 그녀는 식사 준비도 잘 돕고 집안일도 잘 했다. 동산병원 간호과장의 도움으로 진료를 받으면서 친권을 포기하고 새 삶을 살 것을 권면했으나 자매는 아기의 태동을 느낄 때마다 모성본능이 살아나면서 친권포기는 할 수 없다고 했다. 그래서 남자 친구를 찾아내기로 한 나는 백방으로 수소문을 해서 간신히 그와 연락이 닿았다. 내가 자매 이야기를 하자 그는 불쾌한 언사로 반발했다.

"그 아기가 누구 아이인지 어떻게 알아요?"

비록 몸과 웃음을 파는 공창제도의 종사자라도 일정한 구역에선 허용된 직업이다. 하물며 다방에서 차를 파는 것이 어쨌다는 건가? 당신이 그녀의 직업을 알고 선택하지 않았는가?

"약자는 법의 보호를 받는 법이다. 내 너를 반드시 법정에 서게 하리라."

화가 난 나는 이렇게 말하면서 전화를 끊어 버렸다. 그러자 3일 후 연락이 와서 자매와 통화를 하고 싶다고 했다. 그러나 나는 쉽게 허락할 수 없어 네가 내게 한 언사를 정중히 사과하기 전에는 연결해 줄 수 없다고 했다. 그러자 그는 죄송하다며 꼭 그녀를 만나고 싶다고 했다. 다방에서 만난 그는 건강이 안 좋아 보이나 성실하고 똑똑해 보였다. 얼마 후 자매가 진통이 시작되어 연락을 보냈는데 또 아무런 반응이 없었다. 그 전까지 정상으로 있던 태아가 위로 올라가 3일 진통을 했는데도 내려오지 않아 의사는 제왕절개를 제의했다. 보호자도 없이 제왕절개를 해야 하는 난감한 상황에서 나는 아빠의 지혜를 구하면서 길을 모색했다.

'아비 없이 자식을 키우느니 아비에게 보내 죽음을 통과하는 해산을 보게 하면 마음이 달라지지 않을까'

실오라기 같은 희망을 가진 나는 산모 혼자 네 시간 거리에 있는 그에게 출산준비물 두 박스와 함께 고속버스를 태워 보냈다. 친권은 포기하지 않고 길도 보이지 않는 때에 그야말로 죽기를 각오하고 산모와 약속을 하고 행한 일이었다.

"아이를 낳기 위한 산통과정과 신생아를 보고도 마음이 열리지 않으면 네가 마음을 바꾸어 그 때는 친권을 포기하고 새로운 인생을 살아라."

그녀가 남자 친구의 자취방을 찾아가니 친구들과 술을 마시던 그가 술병과 재떨이를 자매에게 던졌다고 한다. 그러나 하룻밤을 같이 지내며 그녀가 진통하는 것을 보자 급해진 그는 가족들에게 연락해 병원에서 출산을 하게 했다. 아빠를 꼭 닮은 건강한 아들을 낳자 기대치 않는 새 생명에 가족들은 기뻐했고 아들을 품은 아빠의 마음에 뜨거운 사랑이 샘솟았다. 아기를 고아원에 보낼 수 없는 것은 물론 자매 또한 버릴 수 없는 자신의 분신임을 깨닫게 되었다고 훗날 고백했다.

예수 그리스도께서 우리의 죄악을 위해 몸소 십자가에서 피 흘리심으로 하나님과 화목하게 하심과 같이, 엄마의 뱃속에서 엄마와 똑같은 고통과 실망과 좌절을 맛보고도 건강하게 살아서 아름다운 가정을 이룰 수 있게 도운 귀한 아들에게 나는 '화목'이라는 애칭을 붙여 주었다.

그 사람을 놓으라

"내가 그를 위하여 모든 것을 잃어버리고 배설물로 여김은 그리스도를 얻고" 빌립보서 3:8

1986년 어느 날 아빠는 내가 16년 동안이나 기다리며 사랑해 온 무기수를 내려놓으라고 통보하셨다.

"아니요, 아빠. 전 그렇게 할 수 없습니다."

"그렇게 순종하지 않으면 네 생명을 취하리라."

"16년을 갇혀있기에 더욱 사모하고 기다렸는데 어떻게 저보고 그런 사람을 내려놓으라고 하세요?"

"16년이 길다고 하느냐? 나는 너를 지난 38년 동안 한 순간도 땅에 내려놓지 않고 안고 다녔다. 네가 그를 내려놓으면 장차 네게 큰일을 맡기리라. 네 마음에 품은 일들을 다 이루게 하마."

"저는 큰 일 같은 거 할 마음이 없고 필요도 없습니다. 저는 결코 그 사람을 실망시킬 수 없습니다."

내가 계속 거부하며 빨리 그를 내려놓지 않자 갑자기 피부가 잉어비늘처럼 일어나기 시작했다. 그 비늘은 무려 보름 동안이나 나를 괴롭혔다.

'평화의 집'을 운영할 때 이런 피부를 가진 소년을 본 적이 있다. 태어나면서부터 세파에 시달리며 한 번도 사람의 사랑을 받아보지 못하고 영아원으로 보내진 소년이었다.

우리 집에 처음 왔을 때 목욕탕에 가서 목욕부터 하고 오라고 했더니 자기는 목욕탕에 갈 수가 없다고 했다. 할 수 없어 집에서 씻기게 되었는데 그 아이의 피부는 마치 뱀의 허물 같았다. 내 몸을 들여다보자 나도 그 아이처럼 되겠구나 싶어 겁이 났다.

"네가 내려놓지 않으면 네 피부를 그렇게 만들어 아무도 너를 사랑하지 못하게 하겠다."

아빠는 계속 내게 강요를 했고 아빠를 거역할 수 없던 나는 결국 마음속에서 그 사람을 내려놓기로 했다. 나의 길이 아닌 아빠의 역사 속으로 들어간 사건으로 그 후 나는 미친 듯이 아빠를 따르며 아빠의 길로 접어들었다.

전능하신 아빠

"그러나 진리의 성령이 오시면 그가 너희를 모든 진리 가운데로 인도하시리니 그가 스스로 말하지 않고 오직 들은 것을 말하며 장래 일을 너희에게 알리시리라" 요한복음 16:13

우리나라 노태우 대통령이 출마할 때와 김영삼 대통령이 출마할 때 일이었다. 길거리마다 포스터가 붙었는데 아빠께서 누가 대통령이 될지를 그때마다 내게 알려 주셨다. 그 다음에도 대통령 선거를 앞두고 동역자인 김 집사님에게 아빠께서는 내게 누가 대통령이 될 것인지 미리 알려주신다고 했더니 의아해하며 궁금해 하셨다.

"포스터가 붙여지면 제게 말씀해 주실 거예요."

그랬더니 며칠 뒤에 수원에서 연락이 왔다.

"전도사님, 포스터가 붙었어요."

밖에 나가서 포스터를 하나하나 보고 있자니 김대중 씨를 향해 "그가 대통령이 된다."라고 하셨다.

내 말을 들은 집사님은 가스통을 교환하러 온 아저씨에게 물었다고 한다.

"아저씨, 이번에 대통령 누가 되는지 아세요?"

"제가 어떻게 알아요?"

"저는 알아요. 김대중 씨가 될 거예요."

"아지매가 점쟁이인가요?"

나는 대통령 선거 때 어머니께 말씀 드렸다.

"어무이, 이번 선거에 어차피 김대중 씨가 될 텐데 그쪽으로 표를 모아주세요."

"너거 아부지는 다른 사람을 찍는다던데."

"그러면 어무이 마음대로 하세요."

선거가 끝나고 어머니께서 부러워하셨다.

"얘야, 너는 참 좋겠다. 대통령이 누가 될지도 알고."

"아빠께서 한국을 사랑하시니 한국을 섬길 지도자를 제게 알려주시는가 봐요."

남이 어떻게 생각하든 나는 내게 일어난 일을 고백하며 아빠는 전능한 자라고 선포하였다.

일본의 지진/신접한 여인

"땅이 그 입을 열어 그들과 그 가족과 고라에게 속한 모든 사람과 그 물건을 삼키매" 민수기 16:32

1998년 일본에 갔을 때 텔레비전에서 지진 참사 현장을 보도하는 것을 보았다. 한 그릇 가게를 보여주는데 절벽같이 깎아지며 큰 구멍이 나더니 삽시간에 그릇과 진열장이 땅 속으로 들어갔다. 큰 물건들을 삼키는 구덩이가 참으로 무섭게 느껴졌다. 나는 옆에 계시는 목사님께 질문을 드렸다.

"목사님, 저런 재난을 당하면 정부에서 보상을 줍니까?"

"일기예보에 이미 지진이 난다고 예보된 지역은 지원이 되지 않습니다."

보상도 못 받는 이들에게 딱한 마음이 들어 나는 아빠와 대화를 시작했다.

"아빠, 지진이 일어나면 사람도 물건도 땅에 묻히고 난리가 나는데 어떻게 땅이 입을 열어 모든 것을 삼킬 수 있습니까?"

"일본 사람들이 땅을 사랑하니까 땅이 입을 열어 저들을 환영한단다."

"오, 우리 친구여!"

어서 오라는 듯 땅이 물질도 사람도 삼킨다는 것은 하나님을 두려워하지 않고 땅의 권세를 차지하려고 모세를 대적했던 고라 자손을 땅이 입을 벌려 삼킨 것과 다를 바 없다는 생각이 들었다.

역사를 돌아보면 일본 사람들은 자기보다 좀 약하다 싶으면 남의 나라에 쳐들어가 점령하고 땅을 뺏으려고 애를 썼다. 그들은 우리나라도 수없이 침략하며 괴롭혔고 엄연한 우리 독도를 자기 땅이라고 우겨대며 지금도 계획을 세워 뺏으려고 발버둥 치고 있지 않은가!

섬나라여서 땅 욕심이 많은지는 모르지만 약소국가를 침범해서 자기 땅으로 차지하려는 욕망이 어떤 나라보다 강해서 땅이 입을 벌린다는 말씀은 충분히 이해가 됐다.

88년 일본 나고야 시즈오가 로마즈 교회의 정환구 목사님의 초청으로 선교를 갔을 때다. 목사님께서 일본인 성도 중 머리두통이 심한 환자가 있는데 같이 심방을 가자고 하셨다. 그 환자는 온 머리의 마디마디 신경이 매초마다 질근질근 아파 눈언저리를 제외하고는 머리신경을 끊어 놓았다고 했다. 기도하는 시간에 아빠께서 "폐도 나쁘다."라고 말씀하셔서 그 분에게 그렇게 전하니 깜짝 놀라며 옛날에는 아팠는데 지금은 다 나았다고 둘러댔다. 아마도 폐병은 전염성이 있는데 우리와 함께 있자니 미안해서 그러는 것 같았다. 순간 그의 부인이 내 손을 잡더니 손바닥을 자세히 들여 보기에 내가 무엇을 하는 거냐고 물었다. 그러자 그 부인은 내가 신접한 여인인지 손금을 봤다며 '소데스까' 하면서 감탄을 금치 못했다. 아빠 덕분에 신접한 여인이 된 재미있는 사건이었다.

교회 건축

“제삼 년 곧 십일조를 드리는 해에 네 모든 소산의 십일조 다 내기를 마친 후에 그것을 레위인과 객과 고아와 과부에게 주어서 네 성문 안에서 먹어 배부르게 하라”

신명기 26:12

대구 한 교회의 어떤 권사님과 전화 통화를 했다.

“전도사님, 우리 교회가 18억을 들여 새로 본당을 짓는데 제가 돈이 많지 않아서 무명으로 200만원을 헌금 했습니다.”

권사님과 대화 중 아빠께서 들려주시는 말씀을 들었다.

“권사님, 교회 건축을 하나님께서는 기뻐하지 않으십니다.”

“아니! 전도사님! 교회 건축하는 것을 왜 하나님께서 안 기뻐하세요?”

“가난한 자와 궁핍한 자들에게 긍휼을 베풀고 가난한 영혼 구원하는데 주력해야 할 교회가 건물만 크게 건축해 ‘우리 교세가 이만한데…….’ 아니면 ‘이쯤이면 성공한 목회야.’ 하면서 이생의 자랑으로 삼을까 봐요. 그리고 신명기 14:28-29과 신명기 26:12-15 말씀에 ‘매 삼 년째의 십일조는 기업이 없는 레위인과 네 성중에 우거하는 객과 고아와 과부를 먹여 배부르게 하라’는 명령이 있습니다. 그것을 외면한 채 벽돌을 쌓아 올리는 데만 열중하면 가난한 자의 피 값이 하나님께 올라갈 것입니다. 물론 70년대 대구 달성제일교회와 같이 너무 작고 비가 새어 꼭 지어야 할 경우도 있어, 장로님의 꿈을 통해 진행시키셨지만 목사님은 건축을 시작하고도 시험에 들까 봐 무척 조심하셨지요. 종탑이 완성되었을 때 목사님이 올라가 내려다보는데 말문이 막히게 되면서 아빠의 뜻대로 하지 않은 책임을 물으셨던 경우도 있지요. 하지만 권사님의 교회는 아직도 교회 건물이 훌륭하지 않습니까?"

권사님은 제 이야기를 잘못 알아듣고 조금은 노여워서 전화를 끊으셨다. 그러나 교회 건축이 다 끝나고 철야모임 때 살인사건이 일어나서 2개월 동안 교회에 바리케이드가 쳐지는 등 어수선한 일이 생겼다. 당회장 은퇴문제로 분쟁이 나서 목사님은 "법대로 합시다."라고 주장하고, 은퇴문제가 결부되어 있는데 늦게 출생신고가 된 것을 아는 장로님들은 "양심대로 정직하게 하십시오."하며 싸우시다 목사님께서 밀려 나신 것이다.

또 내가 존경하는 K목사님은 무리한 공사계획을 세우고 마치 세금 거두듯 여러 성도를 찾아가서 건축헌금을 모금했다. 겨우 교회는 완성을 했지만 밀린 공사비 때문에 몇 달 동안 교회 열쇠를 받지 못했고 본인은 고생한 보람도 없이 7계명으로 오명을 달고 교회를 떠나야만 했다.

교회가 가난한 자에게 돌릴 몫을 건물건축과 주차장 사는 일에만 치중하면 그것은 결코 아빠의 뜻이 아니다. 가난한 자의 피 값으로 무리하게 교회를 지으면 책임을 맡은 목자는 그 피가 그 땅에 사무쳐 영화를 누릴 수 없도록 하신다. D교회 목사님은 큰 교회를 3개나 지었는데도 후에 식물인간이 되어 곤고한 말년을 보내고 계신 것을 보면 마음이 아프다. 권사님께 다시 전화가 왔다. "하나님께서 말씀하신 대로 교회는 영혼을 구원하는 데 주력해야겠네요."

동성연애자

"스스로 속이지 말라 하나님은 업신여김을 받지 아니하시나니 사람이 무엇으로 심든지 그대로 거두리라" 갈라디아서 6:7

동성연애자 아들을 둔 자매님이 상담을 해 왔다. 아빠께 여쭈어 보니 흙으로 지음 받은 사람인데 높은 것을 좋아하는 고고한 족속이 되어서 높은 곳을 떠도는 구름이라고 말씀하셨다.(비유가 아니면 말씀하지 아니하시고 마가복음 4:34)

자매님에게 질문을 했다.

"자매님께서 아들을 키울 때 다른 아이들과 비교해서 더 높아질 자리를 만들고 많은 사람이 필요로 하는 것보다 더 높은 곳에 머물기를 기대하셨습니까? 그것이 훌륭해 보였습니까?"

그는 대답했다.

"네 그랬습니다."

"구름의 방향과 끝을 물어보는 이는 없지만 구름을 다스리는 하나님께서 치료하실 수 있습니다. 성경은 이스라엘 선민의 출애굽 당시 광야생활의 행보를 구름으로 제시하고 구름으로 뜨거운 사막의 열기를 가리우신 것을 보여주십니다.(민 9:15-22, 10:11,12, 34, 11:25, 12:5, 10, 14:14, 16:42) 흙으로 지은 바 된 사람이 흙의 속성을 알고 구름동네에서 하단으로 내려오시면 보통 사람의 반열에 서게 될 것입니다. 시어른들께 마음을 다해 공경하고 다른 시댁 식구들과 친척들의 허물도 덮으면서, 어려운 형편을 헤아려 돕고 마음을 낮추어 살면 아들이 돌아올 것입니다."

70년대 말 초보기사로 영업용 택시를 할 때 대기운전수로 차 배정을 제대로 못 받았다. 이를 딱하게 여긴 어떤 기사가 나보고 여자운전사회인 '여운회'를 찾아가면 적극적으로 도움을 줄 것이라고 귀띔해 주었다. 처음 온 나를 위해 술집에서 신고식을 하는데 그야말로 낯선 세상이었다. 남장을 한 회장이 아가씨들 엉덩이를 쓸면서 "생방송을 틀어라"라고 눈짓을 하니 술집 접대부가 나와서 노래 한 곡을 불렀다. 나에게도 파트너가 정해졌는데 자기 집으로 초대를 했다. 놀란 나는 시간이 없다고 빠져 나왔지만 나중에 알게 된 것은 당시 시내버스에 차장이라고 운전사를 보조하는 아가씨들이 있었는데 그들도 이런 여운회에 결속되어 있으면서 함께 즐긴다고 했다.

그 소식을 접하며 자식 농사를 지은 부모들이 자식이 대를 이을 생각도 하지 않고 어리석고 무익한 생활을 하니 얼마나 가슴앓이를 할까 생각하며 그 문제를 회복해 달라고 기도했다. 그리고 그 일을 마음에 늘 두고 묵상하고 있던 차였다. 아빠는 자식들을 우선으로 여기며 웃어른처럼 받들고 세상적인 성공에만 매달리는 세대를 향해 말씀하셨다. 교회 영적 지도자들이 하나님의 말씀으로 돌아가, 부모님을 공경하고 형제우애를 돈독히 하며 마음을 낮추는 것과 영적 부요를 추구하는 것을 가르치지 않으니 동성연애가 합법화 되는 것이라고 말씀하셨다.

에이즈의 원인

"뱀같이 그 혀를 날카롭게 하니 그 입술 아래에는 독사의 독이 있나이다" 시편 140:3

1998년 어느 날 TV를 보니 에이즈 환자의 아픈 마음을 나누는 프로그램이 방영되고 있었다. 방송국에 전화를 해서 에이즈 환자의 공동체 연락처를 알아내어 그들의 영혼을 사랑하는 마음으로 아빠께서 가르쳐 주신 치료방법을 글로 써서 보냈다.

에이즈의 원인에 대해 하나님께서는 위와 같은 성경구절로 말씀하셨다. 아빠께서는 내게 이런 말씀을 주셨다. 에이즈는 남자와 여자가 혀로 술 취한 듯 행하는 오랄 섹스로 쾌감을 느끼는 만큼 그 혈관면역이 파괴되어 생겨난 불치의 병이다. 혀로 오랄 섹스를 하지 않았더라도 느낌이 어떠할까 하는 호기심과 기대감을 떨치지 않으면 관심을 가지고 있었던 만큼 혈관의 면역이 파괴된다고 하셨다. 많은 사람들이 오랄 섹스에 관심을 가지는 것은 부부관계에 만족을 얻지 못해서이다. 혀가 비록 작은 지체나 혀로 모든 사람에게 사랑과 위로와 평안과 쉼과 격려로 세워 줄 수 있다. 하지만 우리는 연약해서 반대의 일들을 더 많이 한다. 하루 종일 선한 것보다 악한 것을 더 많이 생각하고 말을 함으로 독을 만들게 된다. 창조주께서 아름답게 연합할 수 있는 기능을 분명히 만들어 주셨는데도 독이 가득한 혀로 섹스를 하는 것은 위험한 일이다. 대구 '매일신문'에 난 사회면 기사에서 태국에서도 대형 에이즈 수용소를 짓는다는 내용을 보고 영어로 번역한 편지를 보내기도 했다.

10부.
좋으신 하나님

아빠를 향한 열정

"이와 같이 너희도 명령 받은 것을 다 행한 후에 이르기를 우리는 무익한 종이라 우리의 하여야 할 일을 한 것뿐이라 할찌니라" 누가복음 17:10

나는 아빠와 호흡하기 전부터 율법을 지키려고 부단히 노력했다. 병아리 전도사 시절 하얀 저고리에 까만 치마를 입고 심방을 갈 때면 좌우로 머리를 돌리지 않고 빌 복만을 마음에 온전히 품고 가서 전했다. 시간의 1/10을 드린다고 다리에 피가 안 통해도 3시간을 돌부처처럼 꿇어 앉아 기도를 드리기도 했다. 그 가정에 고통스러운 문제를 알게 되면 전도사로 녹을 받는데 부끄럽지 않게 문제 해결을 해 달라고 밤새 부르짖으며 아빠께 간구했다.

전에는 성도들이 각 가정에서 식사 전에 매 끼마다 한 줌씩 모아 주일 날 교회에 갈 때 통에 모아서 가난한 자들을 구제하거나 사역자들의 양식으로 주는 성미 한 말을 주는 일이 있었다. 나는 만일 내가 그 날 밤 천국에 가면 성도들이 장례 치르러 왔다가 '황전도사가 이렇게 많은 쌀 남겨 두고 혼자 먹다가 배가 터져 죽었는가 보다'라고 할까 봐 걱정이 됐다. 밤이 되면 나는 쌀을 두 되만 남겨 놓고 몰래 가난한 집 울타리에 넣어주고 와서 잠을 청했다. 이러한 나의 의를 이루기 위한 열정이 이제는 아빠의 사랑 안에 감격하며 사랑하는 자녀로서 본분을 다하는데 쏟고 있다. 어느 날 아빠는 내게 아빠의 음성 듣는 법을 훈련시켰다.

"돌아 앉거라!"

10일 동안 외부 출입을 금지 시키시며 창문 너머로 흔들리는 가로수 그림자를 바라보고 있을 때 들린 음성이었다. 나도 어지간히 활동적인 사람이건만 아빠 음성만 듣는 바보가 되도록 나를 훈련시키며 관리하기 시작하셨다. 아빠의 음성을 듣고 자유 하는 법을 배우니 기쁨이 충만하여 아무 때나 아빠를 부르게 됐다. 누워 뒹굴면서도 부르고, 걸으면서도, 누구와 대화중에도 그리고 화장실에서도 부른다. 아빠께서 곁에 안 계시면 나는 고아가 된 느낌이다. 육신의 아버지보다 하늘의 아빠께서 더 가까이 내게 계시며 나를 영으로 육으로 사랑의 꿀을 흠뻑 먹여 주신다.

의심을 버리고

"저가 뉘기에 바람과 물을 명하매 순종하는고 하더라"
누가복음 8:25

팔공산 수양관 거실에서 나와 제부인 고 조규석목사, 그리고 수양관 관리 집사님 내외분과 매일 2시간 정도 예배를 드렸다. 예배드릴 때마다 주위의 땅바닥에 파리와 벌은 있는데 모두 움직이지 않고 있었다. 나는 예배를 마친 후 죽었나 하고 빗자루를 가져와 쓸려고 하면 모두 날아가 버렸다.

'무슨 일이지?'하고 생각하고 있었는데 4년 정도 지난 후 아빠께서 내게 질문하셨다.

"그 날 예배에 참석한 회중이 몇 명이지?"

"네 명밖에 없었는데 무슨 회중입니까?"

또 물으셔서 그제야 파리와 벌이 생각났다.

"예배하는 회중이 적으니 곤충도 예배에 참석시켰단다."

참으로 신비한 생각이 들면서 성 프란시스의 기도하는 장면이 떠올랐다. 성 프란시스가 늘 혼자서 동굴에 가서 기도하는데, 제자가 몰래 따라가 봤더니 공중에 붕 떠서 기도하는 것이 보였다고 했다.

"아빠, 그것은 무슨 조화입니까?"

"성 프란시스는 자연을 워낙 사랑해서 자연의 생기가 '우리 친구 오네' 하며 그를 환영하며 받들어서 그렇단다."

마침 관리 집사님 부인이 내 방에 들어오면서 파리, 모기가 약을 뿌리지 않았는데 다 죽었다고 했다.

"황전도사님의 방은 벌레 약도 안 쳤는데 신기하게 그냥 다 죽어요. 부엌에 파리가 많으니 부엌에 와서 기도하세요."라고 해서 한바탕 웃었다.

하루는 방문한 기도자가 물을 마시다 '웩'하고 내뱉었다. 왜 그러냐고 물으니 물에서 비릿한 냄새가 난다는 것이었다. 급히 아빠께 여쭈어보았다.

"그녀가 네가 하나님의 사람인 것을 의심했기에 그렇다."

나는 조심스레 물었다.

"저를 의심했습니까?"

그 부인은 "예"라고 대답했다.

"그러면 물을 구하기 위해 아랫마을로 물 길러 가겠습니까? 아니면 회개기도를 하시겠습니까?"

"회개기도를 하겠습니다."

그래서 함께 기도를 드렸는데 한 달 후 여 집사님이 또 오셨다.

"전도사님 물이 흙탕물이 되어 빨래를 못하겠습니다."

"아빠, 왜 또 이런가요?"

"그 여자가 또 너를 의심했다."

이 사건을 경험한 다음부터 그 집사님은 다시는 나를 의심하지 않았다.

동승하신 아빠

1992년 경차인 티코를 새로 구입했는데 문제가 생겨 정비공장에 갔다. 문에서 소리가 나다가 앞에서 '삐삐'하는 소리도 났고 '덜덜'거리는 소리에다 흔들리는 소리도 나서 '아니 새 차가 왜 이런가?' 했더니 정비공장에서는 이상이 없다고 했다. 두 번째 갔다 오면서야 '아하! 아빠가 함께 타고 계시는구나!'하는 깨달음이 왔다. 그렇게 정신이 들자 뒤에서 차를 미는 느낌을 받았다. 악셀을 밟았는데 미는 힘이 밟는 힘보다 훨씬 더 세어 차를 밀고 계시는 것을 느꼈다.

게다가 먼 길을 갈 때 좋아하는 찬양 '이 세상은 나그네길 나는 다만 나그네'를 부르면 천사가 차의 공중에서 곡조에 맞춰 춤을 추는 것을 느꼈다. 10시간이라도 이 노래만 부르면 천사가 나타나 춤을 추었다. 차를 타고 가면서 영업용 택시 몰던 기질과 복음을 전하고 싶은 마음에 길가에서 걸어가는 사람들에게 방향이 어디인지 물어보고 태워드린 후 짧은 시간이라도 아빠를 소개했다.

어느 날은 앞 사람이 내리고 난 뒤 아빠께서 뭐라고 하셨다.

"먼저 승차한 승객에게 양해도 구하지 않고"

대화가 끊기고 찬양이 끊기는 것을 싫어하시는 아빠, 이 부족한 계집이 도대체 무엇이기에 이렇게 대화 나누기를 기뻐하시는지 알 수가 없다. 높고 거룩하시고 존귀한 분이시지만, 동시에 그 분은 자녀가 된 나에게 자상하시고 친밀하게 이야기를 들어주시고 답해 주시는 다정한 아빠에게 내가 어찌 미치지 않을 수 있겠는가?

빛을 비추심

"내가 입을 열고 비유를 베풀어서 옛 비밀한 말을 발표하리니"
시편 78:2

90년대 초 기도원에서 만난 대구 대봉교회 양희자 권사님은 아빠의 사랑하시는 기도동역자다. 하루는 권사님이 내게 물었다.

"전도사님, 어제 경산 할아버지 댁에 다녀오셨지요?"

"아니 어떻게 아셨어요?"

"제가 전도사님을 위해 기도하는데 하늘에서 빛이 전도사님 계신 경산 방향을 환하게 비추더라고요. 그래서 알았지요."

권사님은 내 차에 타고 가실 때면 언제나 흥분하고 신기해하신다.

"전도사님, 저 앞차부터 멀리까지 하늘에서 빛이 비춰는데 안 보이십니까? 전도사님 차가 출발하면 하나님께서 교통정리를 하시는 것을 느낍니다."

식사를 같이 할 때면 심지어는 전도사님 입으로 들어가는 밥알이 금빛으로 노랗다고 말했다.

"아빠, 왜 밥이 노란 색깔입니까?"

하고 여쭤보았더니 아빠께서 부담되는 말씀도 해주셨다.

"너의 생활이 열매로 나타나서 네가 먹는 밥도 노랗단다."

양 권사님과 기도하러 가는 조용한 장소가 있었다.

"전도사님, 저 물 좀 봐요. 흘러내려 가다 물이 거슬러 올라갑니다. 어쩜 신기하네요."

또 조금 지나서 숲에 이르면 바람이 불지 않아도 나무들이 잎을 나풀나풀 흔들며 환영하는 소리를 냈다.

"우리가 왔다고 자연이 모두 환영하는 것 같아요."

이런 일들이 우리가 함께 있을 때 일어나니까 권사님은 자주 함께 기도하기를 청했다.

"전도사님, 우리 기도하러 갑시다. 제가 김밥 말았습니다."

고등학교 교사였던 한 형제를 기도원에서 만났다. 병든 몸이어서 내가 돌보면서 하나님의 귀한 역사를 많이 체험했다.

"누나는 참 좋겠다. 천사와 날마다 거하니까 너무 좋겠다."

말은 신기해하며 이렇게 하지만 그 형제는 의심이 많아 아빠를 잘 믿지 않았다. 그래서 그런지 차를 타고 같이 산책하러 가면 아빠는 여러 가지 일들을 말씀하시며 자연을 통해 역사하시는 것을 그 사람에게 보여 주셨다. 몸이 많이 회복되어 치유된 날은 온 하늘이 까마귀로 새까맣게 뒤덮었다.

"누나, 저것은 왜 그래?"

"형제가 어두움의 영에서 벗어났다는 것을 말씀해 주는 것이지요."

비유가 아니면 말씀하시지 않는 아빠가 한 사건 한 사건 짝을 맞추어 언제나 개입하셨다.

또 하루는 시골길을 가는데 7명 정도의 상복을 입은 삼오제 행렬이 지나가고 있었다. 형제가 또 다른 한 부분 죽음에서 회복되는 기도를 해서 증거를 보여 주는 것이라 했더니 그가 차를 좀 세워 달라고 했다. 그래서 차를 세우고 문을 열었는데 행렬이 간 곳이 없었다. 시골 논두렁이어서 막힌 것도 없이 앞이 훤히 보이는 곳이라 멀리 갔어도 보일 텐데 그야말로 증발된 것이다.

하루는 형제의 집으로 갔을 때 그 부모님을 위해 재미있는 일을 보여 주셨다.

아파트 공터에서 형제와 그 어머니와 내가 이야기를 하고 있는데 해가 쨍쨍한 날에 갑자기 비가 왔다. 우리는 놀라 "아파트 2층에서 누가 물을 뿌리나?"하며 돌아보았으나 그건 아니었다.

마침 그 형제의 부친이 이쪽으로 걸어오면서 "이게 웬 물이냐?" 하니까 "하나님께서 우리를 사랑한다는 증거로 우리 둘레에만 비를 내려 주셨습니다." 하고 그 어머니께서 대답하셨다.

한번은 내가 사는 방에 바람이 들어오지 않는 방향으로 있는 커튼이 드르렁 드르렁 바람 지나가는 소리를 내며 춤을 추었다. 형제와 함께 놀라서 쳐다보고 있다가 하도 신기하니 형제가 어머니께 전화를 했다. 그 다음 날 어머니께서 오셨을 때도 같은 현상이 일어나자 형제가 놀라워하며 이렇게 말했다.

"누나는 참 연구대상이다. 하나님을 어떻게 섬겼기에 이런 일들이 매번 일어나는가?"

"아빠께서 일하시도록 저를 빌려 드리면 되요. 아빠를 위해 달려가니 아빠께서 하고 싶은 일을 보여주시고 이루시겠지요. 아빠! 영광과 존귀와 찬양을 받으소서!"

돈과 아빠

교회 사역을 할 때 아빠의 이름에 때가 묻을까 걸을 때도 조심조심 걸었다. 수영로 교회에서 섬길 때 심방을 가서 받은 선물들을 한 달 동안 보관했다가 선물과 교회 요람을 가지고 사택으로 갔다.

"사모님, 이 선물은 이 성도님이 주신 것이고 저것은 모 집사님께서, 그리고 이 성도님의 가정 형편은 이렇고 저 성도님 가정은 저렇고……."

그렇게 설명을 드리고 선물을 두고 나왔다.

"전도사님, 이것을 왜 두고 가세요?"

"사모님께서 저를 심부름꾼으로 보냈잖아요. 목사님 내외분께서 가셨으면 목사님께 드렸을 텐데……."

"그러면 반씩 나눕시다."

그 말씀에 사모님께서 굳이 나누어 주시면 내 몫을 가난한 성도나 사찰 집사님께 다 드리고 왔다. 그 사모님께서는 10년 동안 교회를 섬기면서 이렇게 하는 사람은 처음 봤다고 말씀하셨다.

한 번은 철야기도회 시간에 간증을 했는데 다음 날 아침 할렐루야 성가대 지휘자 정번일 교수께서 전화를 주셨다. 곧바로 댁으로 오라고 하셔서 갔더니 땅문서를 내놓으시면서 '평화의 집' 아이들을 위해 쓰라고 하셨다. 오래 전 600만원에 구입한 땅인데 1-2년 뒤에 개인소유로 불하를 받게 되면 3,000-4,000만원은 족히 받을 수 있는 땅이라고 했다. 나는 그것을 목사님께 들고 갔다.

"정 교수님께서 주셨는데 목사님 받으세요."

"정 교수가 교회 연보 하는 법을 몰라 황전도사에게 주었겠어요? 특별한 이유가 있으시겠지요."

"저는 목사님 말씀에 순종해 간증을 했지 구제모금을 하려고 한 건 아니지 않습니까?"

목사님께서 그래도 기어이 물리치시는 바람에 정 교수님께 다시 전화를 드렸다.

"이 땅이 불하될 때까지 아직도 시간이 많이 남았는데 제가 그냥 듣고만 있으면 가난한 자들이 그 동안에 배가 고파 죽음을 당하면 아빠께서 제게 피 값을 묻지 않을까 염려가 되네요."

"이제는 전도사님 것이니 원하시는 데로 하십시오."

그래서 나는 소작인을 찾아 땅을 내놓겠다고 했더니 2년 분할해서 400만원에 사겠다고 했다. 그것을 판 나는 100만원은 '예수원'에 겨울 난방비로 보내고 100만원은 '예수원' 신부님 사역비로 보냈다. 또 100만원은 천주교 신자 중 온 몸에 장애를 입고 고통 중에 세계 평화를 위해 중보기도 하는 분을 위해 보냈다. 그리고 '예수전도단' 제자훈련비가 필요한 형제에게 75만원, 나머지는 어떤 고아에게 돌려주었다. 그리고 정 교수님께 어떻게 사용했는지에 대한 보고를 드렸다.

교회를 섬길 때 심방을 가서 다과상을 대접 받으면 끝까지 남아 있다가 준비해 온 큰 가방에 남은 간식을 모두 넣고 나오는 권사님이 있었다. 아빠께서 나로 하여금 그를 말리게 하셨다.

"권사님, 이 집 주인이 먹고 남은 것 싸 가지고 가라고 아직도 말하지 않았습니다. 오병이어 역사 후 12바구니를 줍게 하셨지요. 이건 12제자가 각각 귀가할 때 가족들을 즐겁게 해 주라고 예수님이 긍휼로 준비하신 선물이 아닌지요? 일하는 소에게 망을 씌우지 않는 법입니다. 제가 1,000원을 드릴 테니 손주 과자 사 가지고 가세요."

예수님의 이름에 때가 묻을까 봐 그렇게 할 수밖에 없었다. 또 아빠께서 나에게 상도덕에 대해서도 말씀해 주셨다.

"물건을 살 때 값을 흥정해 깎으면 다른 사람의 즐거움을 깎는 만큼 자기의 즐거움 또한 깎인다."

또 교회 식사가 끝나면 남은 음식을 꼭 필요한 분외에 탐욕으로 담아가는 이가 있다. 나는 그 또한 말렸다.

"교회 음식을 몫이 없는 분에게 배달하는 것이면 괜찮지만, 분깃 없는 레위인과 극빈자가 아닌 일반인이 매번 가져가면 그것을 먹는 자들이 장차 자신의 분깃을 잃게 될 것입니다."

"미쁜 말씀의 가르침을 그대로 지켜야 하리니 이는 능히 바른 교훈으로 권면하고 거스려 말하는 자들을 책망하게 하려 함이라" (디도서 1:9)

90년도에 미국에서 제부의 신학생 동기생들이 몸이 약한 제부를 돕는다고 800달러를 보내왔다. 잘 사는 사람들은 아니지만 가난한 자에게 돌리고 싶어 부친다고 했다. 미국에서 한국은행으로 오는 날이 며칠 걸리니 그 시간도 아까워 아는 동역자 집에 전화해서 80만원을 먼저 빌렸다. 존경하는 목사님께 드리면서 성도 중 가장 가난한 자에게 전하시라고 했다.

"이 돈을 건네는 분은 성도님보다 더 가난해서 헌 옷만 입고 다니는 사람인데 이름은 밝히지를 않아요."

목사님께서 그렇게 하신 이유는 그래야 다음에도 돈을 기다리지 않고 말씀만 듣고 가도 섭섭하지 않게 될 것이기 때문이란다. 아빠께서 채우시는 생활비 이상으로 내게 돈이 생기면 나는 그 돈을 우리 집에서 한밤도 재우지 않았다. 가난한 자가 그 밤에 굶주려 죽으면 어떻게 하나 은행에 넣지도 않고 바로 그런 사람을 찾아 가져다 주었다. 고인이 된 제부와 내가 개척교회를 할 때였다. 그때 제부 목사님과 나는 주일헌금으로 들어온 돈은 계수하지 않고 가난한 이웃을 위해 쓰기로 작정을 했다. 그래서 헌금을 회계집사님께 봉투 채 맡길 때 귀가 길에 그 돈을 받을만한 임자를 만나거든 이 말을 꼭 전하고 드리도록 했다.

"친구여 하나님께서 당신을 사랑하셔서 이것을 전하라 하셨습니다. 천국에서 당신을 꼭 뵙기를 원합니다."

아빠는 내게 그 이유를 늘 말씀하신다.

"거리의 사람들은 남루한 옷을 입고 예배당에 갈 수 없는데 하나님이 너를 사랑한다는 말을 들으면 얼마나 나를 만나고 싶겠니? 그런 생각을 할 때에 내가 비로소 그의 영혼을 구원할 수 있단다."

아빠와 함께

하루는 외출 준비를 하고 있는데 상담을 받고자 하는 방문객이 예고도 없이 찾아왔다.

"외출을 해야 하니 같이 가면서 대화를 나누면 어떨까요?"

그와 대화를 나누는 가운데 내가 즉시 기도하며 대답하는 일을 반복하자 그가 놀라워했다.

"운전하면서 기도하고, 기도하고 응답 받고, 전도사님은 도대체 어떤 분이기에 그 일이 가능합니까?"

나는 아빠 말씀이 "내가 저만큼만 가도 아빠, 아빠, 하면서 수다쟁이처럼 네가 나를 불러대니 아예 너희 집에 같이 산다."라고 하셨다고 했다. 그리고 날마다 아빠의 이름을 부르다가 잠이 들고 눈만 뜨면 '아빠, 또 새날을 주셨군요!'라고 아빠께 먼저 인사를 드린다고 했다. 그리고 온 종일 아빠를 생각하고 감사하며 아빠를 향해 박수치는 마음으로 지내는 것이 생활화되었다고 내 생활을 들려 드렸다. 나는 전화 상담이 아무리 오래 걸려 수화기를 들고 있는 왼쪽 팔이 아파도 오른쪽으로 방향을 바꾸지 않는다. 오른쪽 귀는 민감한 아빠의 음성만을 듣기 위해 항상 열어놓기 때문이다. 아빠는 나를 혼자 있지 않게 하시려고 구름, 바람, 천둥, 번개로 우주 공간에 있는 모든 자연을 통해 내게 메시지를 보내신다.

새벽까지 중보 기도를 할 때면 맑은 새들의 노래 소리로 힘을 보태신다. 내가 세상에 더 머물고 싶은 이유가 있다면 다정다감한 아빠를 더욱 묵상하고 그 풍요로운 느낌을 한 순간이라도 더 느끼고 나를 필요로 하는 이들을 위한 중보기도의 삶을 살고 싶어서다. 아빠께서는 때때로 내게 하루 종일 중보기도를 시키신다. 교통사고 다발지역의 어둠의 영들을 대적하도록, 비행항로에 천사가 함께 운행하도록, 해로의 선박들이 안전하도록, 우울증 환자가 회복이 되도록, 각양각색 환자들의 병마를 물리치도록, 자폐증 자녀를 위해, 가정파괴의 희생양으로 거리에서 헤매는 아이들을 위해, 나그네를 위해, 빈곤한 삶 때문에 몸을 파는 창녀들의 새 삶을 위해, 마약이나 알코올 중독으로 자기를 잃어버린 사람들을 위해, 학교 앞을 지날 때는 뭇 학생들이 아빠의 역사를 알고 그 가운데 초점을 맞추게 해 달라고 그리고 나를 양육해 주신 부모님의 건강과 평강을 위해…….

상한 영혼들과 이야기를 하고 상담을 하다보면 잠깐도 여가를 즐길 여유가 없지만, 시간만 나면 나는 성경을 한 장이라도 더 읽으려고 애쓴다. 그러면 그러는 나를 아빠는 적극적으로 응원한다.

"성경은 내가 직접 네게 보내는 편지다. 내가 이렇게 오니 좋지 않니? 장남처럼 넉넉하게 나를 즐겁게 해주는 네가 좋구나!"

11부.

하나님의 가르침

효

"네 아버지와 어머니를 공경하라 이것이 약속 있는 첫 계명이니 이는 네가 잘되고 땅에서 장수하리라" 에베소서 6:2-3

예수님은 33년 생애 중 하나님 나라를 섬기는 일 외에도 부모와 가족을 섬기는 일을 늘 중하게 여기셨다.

"예수께서 한가지로 내려가사 나사렛에 이르러 순종하여 받드시더라" (누가복음 2:51)

로마의 극악한 사형방법 중 하나인 십자가 처형을 앞두고 예수님께서는 하나님 아버지께 기도를 드렸다.

"아버지여 아버지께서는 모든 것이 가능하오니 이 잔을 내게서 옮기시옵소서. 그러나 나의 원대로 마옵시고 아버지의 원대로 하옵소서."(마가복음14:36) 하시고는 하나님 아버지께 순종함으로 십자가를 피하지 않고 지셨다. 십자가에서 마지막 죽음의 고통 가운데서도 사랑하는 제자에게 어머니를 부탁하셨다.

"보라 네 어머니라 하신대 그 때부터 그 제자가 자기 집에 모시니라" (요한복음 19:27) 그리고 이렇게 선포하셨다.

"네 아버지와 어머니를 공경하라 이것이 약속 있는 첫 계명이니 이는 네가 잘되고 땅에서 장수하리라"

복음은 그리스도를 보여주어야 한다.

교회에서 '할렐루야'만 하고 끝낸다면, 그리고 교회를 섬기고 봉사만 하는 것을 섬긴다고 한다면, 우리는 정말로 중요한 골자는 잃어버리는 것이다.

우리는 교회를 통해 하나님께서 주신 사랑과 은혜의 충만한 마음을 가지고 가정에 돌아와 먼저 부모님을 향하여 공경하고 형제를 향하여 사랑으로 섬길 때(시편 133:1) 가정이 천국이 될 것이다. 하나님을 사랑으로 섬기는 삶이 있으니 하나님은 약속 하신대로 축복도 하고 장수의 복을 주시는 것은 당연한 이치다.

어느 날 한 형제가 대천덕 신부님께 질문 드렸다.

"제가 신학을 하고 싶은데 이것이 하나님의 뜻인지 어떻게 알 수 있을까요?"

"형제님, 부모님께 효도하셨습니까? 그러면 신학을 하십시오. 보이는 부모님께 효도했으면 보이지 않는 하나님께도 헌신할 수 있을 것입니다."

그런데 나는 교회사역을 하면서 교회지도자 가정에서 고부간의 갈등이 일어나 며느리가 시어머니를 구타하는 장면도 보았다. 며느리가 시어머니의 머리채를 휘어잡고 담벼락에 쳐 박는 현장을 목격했으며 또 다른 가정에서는 며느리가 시어머니의 명치를 때려 시어머니가 퍼렇게 멍이 들기도 했다. 나는 그때 며느리에게 아빠께서 가르치신 질서에 대해 설명해 주었다.

"자매님도 자식을 기르는데 시어머니에게 이렇게 불효를 하면 훗날 30배, 60배, 100배의 쓴 열매를 거둘 텐데 당신도 이렇게 당하며 살겠습니까? 아니면 돌이켜 용서를 빌겠습니까?"

그리고 목사님께 그 집으로 심방을 가서 효를 권해 드리라고 말씀을 드렸더니 어떻게 그런 말을 할 수 있냐고 하셨다.

양이 살 길이라면 수술을 하고 치료도 해주고 약도 주어야 하는데 목사님이 꺼려한다면 과연 누가 가서 권면하며 복음을 바르게 가르칠까? 하나님께서는 이렇게 경고하신다.

"부모를 거역하면 자녀들의 머리 부분에 문제가 있게 될 것이다."

미국에서 잘 알려진 교회를 섬기는 목사님 가족 이야기를 들었다. 한국에서 오는 친척들이 미국에 머물고자 하면 교회 부흥과 발전에 방해가 된다며 친가까지 거절하며 돌려보낸다고 했다. 디모데 전서 5:8은 "누구든지 자기친족 특히 자기가족을 돌아보지 아니하면 믿음을 배반한 자요 불신자보다 더 악한자니라"라고 말씀하신다.

자식은 부모에게 사랑의 빚을 진 자들이다. 부모님을 공경하는 일은 당연한 일인데 하나님께서는 상까지 주신다고 하지 않던가?

예수님은 하나님 아버지께 순종하기 위해 십자가를 지고 모든 저주를 한 몸으로 이겨내셨다. 우리가 만일 예수님을 따르는 제자라면 부모님께 순종하고 공경하는 예수님의 십자가를 지신 복종을 본받아야 할 것이다. 하나님께서는 자신이 약속하신 그 계명을 누가 잘 지키고 있는지 상을 내려주시기 위해 불꽃같은 눈으로 찾고 계신다. 그러므로 자녀들이 잘되고 장수하는 계명을 교회에서나 가정에서 항상 가르쳐야 할 것이고 부모는 본을 보여야 한다.

탐욕과 간음

"돈을 사랑함이 일만 악의 뿌리가 되나니 이것을 사모하는 자들이 미혹을 받아 믿음에서 떠나 근심으로써 자기를 찔렀도다."

디모데전서 6:10

예수님께서 간통 현장에서 붙들린 여자를 향해 돌을 든 사람들에게 말씀하셨다. "너희 중에 죄 없는 자가 먼저 돌로 치라." (요한복음 8:7)

사람들이 양심의 가책을 받아 하나 둘씩 가고 예수님 홀로 남자 예수님은 여인에게 말씀하셨다.

"나도 너를 정죄하지 아니하노니 가서 다시는 죄를 범치 말라" (요한복음 8:11)

모세의 율법에서는 돌로 쳐 죽이라고 한 간통 사건이었다. 그런데 왜 예수님께서는 같은 사건을 가지고 우리 자신을 돌아보게 하셨을까? 그것은 각 사람마다 마음으로 미혹을 받아 누구나 간음죄를 지을 수 있기 때문이다.

"여자를 보고 음욕을 품는 자마다 이미 간음 하였느니라" (마태복음 5:28)

교계의 지도자들이 이 7계명을 범하여 가정과 교회에 물의를 일으켰다는 소식을 가끔 듣는다. 고발하고 판단하는 본인들은 얼마나 자신이 있다고 당당하게 누가 돌을 던질 자격이 있단 말인가?

그 사실이 드러났을 때 이미 수치를 당하는 벌거벗은 벌을 받았을 것이나 사람들은 다시 그들을 공개재판 석상에 올려놓으려고 한다.

하나님은 5계명 범법자를 향해 이렇게 경고하신다.

"또 아비나 어미를 훼방하는 자는 반드시 죽으리라 하셨거늘" (마태복음 15:4) 그러나 교회가 5계명 범법자에게 근신시키고 징계했다는 소식을 접해보지 못했다. 예수님께서는 평생 부모님을 잘 섬겼고 '서로 사랑하라'는 새 계명을 주셨다. 우리 인간들은 중요한 부분은 쉽게 통과시키고 예수님께서 용납하신 부분에는 돌을 던져 매장시키려 하고 있다. 과연 어느 것이 옳은 것일까?

간음이 어디에서 왔는지 아빠께 여쭈어 보니 아빠는 디모데 전서 6:10로 말씀해 주셨다. 교회의 지도자들도 아빠를 위한 사역이 아닌 기업주처럼 자기유익을 위해 살아갈 때 이 미혹의 영이 찾아와서 쾌락을 추구하게 만든다. 그러나 그 방향을 아빠께 돌리면 그 미혹에서 자유롭게 되리라.

선한 목자

"나는 선한 목자라 선한 목자는 양들을 위하여 목숨을 버리거니와" 요한복음 10:11

아빠께서 보내주신 여러 목양지에서 여러 양떼들을 만났다. 선한 목자를 만나 푸른 초장으로 인도된 양떼도 있고 삯꾼을 만나 굶주린 영혼들이 유리하는 것도 보았다. 엄마의 마음과 정성으로 자녀들의 건강과 기호를 생각하며 만든 요리라면 피가 되고 살이 되지만 식은 밥을 대충 물에 말아 준다면…….

선한 목자는 성도들이 피땀을 흘려 얻은 것으로 드리는 성물을 먹는 것에 빚을 남기지 말아야 할 것이다. 내 양떼의 우리에 꼴은 풍성한 지, 물은 충분한지, 진자리 마른자리 갈아주는 엄마의 마음이 되어야 할 것이다. 모든 양떼가 아빠의 마음에 합당한 자가 되어 평안의 복을 받도록 딱딱하고 메마른 땅을 땀 흘려 가꾸어야 할 것이다.

서울 영락교회의 고 한경직 목사님께서 별세하신 후 방에 가보니 장롱대신 사과궤짝을 쓰고 사셨다고 한다. 아빠의 충성스러운 목자이신 전주 안디옥 깡통교회의 이동휘 목사님도 진정아빠를 닮은 분이시다. 성전에 무릎으로 나아가 모든 족속으로 제자 삼은 선교사들의 생활과 영혼에 필요를 채워주기를 기도하시며, 양떼를 위해 자기 몸을 돌보지 않고 온 종일 성전에 머무신다.

내가 신학교 다닐 때 어떤 전도사님은 70명의 성도 중 두 가정이 가난으로 인해 자녀를 중학교로 보내지 못하자, 자신의 아들도 진학을 잠시 미루고 그들의 형편이 될 때 같이 보내겠다며 기다리셨다고 한다. 그 분이야말로 한 벌 옷으로 가난을 자처하신 작은 예수였다. 또한 LA 예향선교 교회를 섬겼던 황범섭 목사님은 성도님한테 헌 가죽 소파를 받았는데 자기의 양들 집에도 가죽소파가 없는데 내가 어떻게 쓰느냐고 다시 나누어 주며 가난한 마음으로 살아가셨다. 하나님의 법궤를 벧세메스로 메고 가며 좌우로 치우치지 않고 오직 가야 할 길만 묵묵히 가서 자기 몸을 번제로 드린 어미 소처럼.

소명 받은 모든 종들이 지금이라도 그리스도의 온전한 편지가 될 수 있다면 복음이 세상을 지배할 수 있게 되리라. 소돔 고모라가 멸망한 것은 의인 10명이 없었기 때문이다. 충성스러운 목자들을 위해 목자장이 되시는 예수님께서 그들을 위해 영광스런 면류관을 준비해 놓으셨으리라!

목자에게 맡겨진 한 영혼 한 영혼마다 주님의 피 값이 지불된 귀한 존재들이다. 최후의 심판 때 자기 몸만 기르는 목자(유다서 1:12)들은 얼굴을 어디에 두려는 것인지……

"화 있을진저 양 떼를 버린 못된 목자여 칼이 우편 눈에 임하리니 그 팔이 아주 마르고 우편 눈이 아주 어두우리라" (스가랴 11:17)

노 름

"나를 미워하는 자의 죄를 갚되 아비로부터 아들에게로 삼사대까지 이르게 하거니와 나를 사랑하고 내 계명을 지키는 자에게는 천대까지 은혜를 베푸느니라." 출애굽기 20:5-6

어느 날 먼 곳에 산다며 60대 초반의 성도님께서 전화를 하셨다. 남편이 일흔으로 결혼해서 돌아가실 때까지 노름만 하더니 노름 빚 500만원을 남긴 채 가셨다고 했다. 자기가 어떻게 이렇게도 박복하며 그런 무책임한 남편을 만나게 됐는지 알고 싶다고 했다. 평생을 남의 집 방 한 칸을 빌려서 근근이 살며 돈만 생기면 남편은 어떻게든지 낚아채어 노름판에서 다 날리고, 다시는 노름을 안 하겠다고 손가락을 스스로 자르기까지 했지만 형제나 친척들이 권면을 해도 그 때뿐이었다고 했다. 그 성도님은 참으로 기구한 운명으로 아이들을 키우면서 마음고생을 이루 말할 수 없이 했는데 다행히 자녀들은 부친을 원망하거나 곁길로 가지 않고 착실하게 살아 아이들에게서 보람을 느낀다고 했다.

이번에 상을 당한 것도 이자가 센 빚을 얻어 노름을 하다가 빚 독촉 때문에 눌려 갑자기 심장마비로 숨을 거두었다는 것이다.

가족에게 아무런 책임도 지지 않았으면서 염치도 없이 장성한 자녀들을 찾아가 거짓말로 돈을 얻으려고 해서 그 성도님은 물론 자녀들도 노름이라면 몸서리를 친다고 했다. 노름판에 간 공로 밖에 없는 인생에 대한 질문을 듣고 나는 아빠께 여쭈어 보았다.

"그 여인의 친정이 부를 쌓을 때 정당한 대가를 지불하지 않고 쉽게 돈을 끌어 모은 것이 원인이다."

나는 아빠의 음성을 듣고 그 성도님에게 친정의 상황을 물어 보았다. 친정은 부유한 집으로 아버지께 직접 들은 것은 아니지만 고향의 가까운 분 말씀이 아버지께서 생전에 주위에 심하게 하시며 악착같이 재산을 모았다는 말을 들었다고 했다.

"조상이 재산을 모을 때 정당하게 대가를 지불하지 않고 쉽게 모은 것이라 후손인 당신 남편이 평생 불의하고 허망한 곳에 돈을 쓰게 되는 가 봅니다. 그래도 성도님이 잘 참고 견디어 당대에 그것이 끝났으니 그 고난을 통해 신앙 안에 더욱 굳건히 서십시오. 이웃에게 정직하고 공의로 살면 성도님의 자손들이 복을 받게 될 것입니다."

그러자 그 여인은 남편의 묘비에 '사람으로 태어나 노름으로 죽다' 이런 비문을 새기려다 참았다고 했다.

"하나님께서는 그냥 넘어가는 일이 없으시네요. 조상의 것을 삼사대 후손이라도 다 갚게 하신다는 말씀이시군요. 늦게나마 내 일생의 걸음이 하나님의 예정 가운데 있다는 것을 알게 되었으니 참으로 감사합니다."

자 살

“도적이 오는 것은 도적질하고 죽이고 멸망시키려는 것뿐이요 내가 온 것은 양으로 생명을 얻게 하고 더 풍성히 얻게 하려는 것이라” 요한복음 10:10

높은 하늘 보좌를 버리고 인간을 구속하러 오신 예수님은 참 빛으로 우리에게 오셨다.(요1:9) 그 빛 아래 살면 우리는 소망 가운데 생명을 사랑하며 살 수 있다. 그러나 어두운 가운데 거하면서 감당하기 어려운 일이 생기면 악한 영이 절망을 심어 죽음에 이르게 한다. 그래서 키에르케고르는 ‘절망은 죽음에 이르게 하는 병’이라고 했다.

90년대 초 30대 초반의 자매에게 상담요청이 왔다. 어린이를 돌보는 탁아소를 경영했는데 친척 교인의 보증을 섰다가 부도가 나는 바람에 탁아소도 넘어가고 형편이 어려워졌다고 했다. 너무 큰 타격에 며칠을 방황하다 죽고 싶다는 생각이 밀려와 어디서 어떻게 죽을까 연구를 하게 되었다.

“지나가는 자동차에 치어 죽으면 되지 않을까?”

“자동차가 무서우면 물에 빠져 죽으면 덜 무서울 텐데…….”

“스스로 무덤을 파서 누워라.”

환청까지 듣게 된 자매는 어둠의 영이 이리저리 끌고 다니는 것을 느꼈다. 그러던 중학생 때 교회에 나가 예수님 말씀을 배운 것이 떠올라 이대로 목숨을 끝내기에는 아깝다고 생각되었다.

그래서 친구를 찾아 고민을 털어 놓자 그 친구가 나를 소개해 주었다. 나는 아빠께 올려 드리면서 묶고 있는 영을 대적했다.

"내가 나사렛 예수 그리스도의 능하신 이름으로 명령한다. 사랑하는 자매에게 들어가서 자살하게 하는 어둠의 영들아 물러가라 너를 저주한다. 그 몸은 거룩한 성전이니 떠나가라. 예수 그리스도의 이름으로 기도합니다. 아멘!"

아빠께 간절히 기도를 드리니 그녀는 그 영에서 자유롭게 되었다. 자매를 격려하고 부모님 연락처를 알아 가족 중 같이 자매를 도울 수 있는 방안을 모색했다. 혼자 있으면 위험하다고 동생들을 보내어 돌보게 하시겠다고 제의하셨다. 동생들이 급히 와서 분주하게 되니 점차 벗어나게 되어 완전히 회복하였다. 할렐루야!

남의 생명을 살인하거나 자기 생명을 스스로 빼앗는 것은 동일하게 창조주에 대한 가장 큰 반역이다. 아빠는 죽음 특히 자살로 몰고 가게 하는 악한 영은 완전 어둠의 영인 것을 말씀하셨다. 잠깐 곁눈질하다가 한 순간 생명이 빼앗긴다.

요즈음에는 아무 이유도 없이 갑자기 자살하는 신종 자살 병이 많아졌다는 소식이다. 어둠의 기운들이 더 요동치며 빛을 가리고 있는 것을 알 수 있다. 아빠께서는 또 생명 말살정책을 쓴 사람들의 말로나 그 자손들이 자살할 수 있다는 것을 말씀하셨다. 다른 사람의 생명을 부요하고 존귀하게 세워주는 길에서 반대로 간다면 자기 명대로 끝까지 살 수 없다는 것이다.

양으로 생명을 얻게 하고 더 풍성히 얻게 하신 예수님께서 우리에게 권면하신다. 예수님의 가르침을 따라 이웃을 돌아보고 그 생명을 풍성하도록 도와준다면 어두움에 있지 않고 빛 가운데 살 수 있다는 것을.

합당치 않은 말

"사람은 입의 열매로 인하여 복록을 누리거니와 마음이 궤사한 자는 강포를 당하느니라" 잠언 13:2

80년대였다. 정신질환자 집에 도움을 주러 갔다가 환자가 휘두르는 야구 방망이로 머리를 얻어맞아 죽음의 고통을 넘나들고 있을 때였다. 금빛 날개를 단 천사가 내게 오는 것을 본 후 거짓말처럼 머리 아픈 부분이 회복되었다. 그러나 장은 망가져 소화가 안 돼 계속 누워 있어야만 했다. 화가 난 나는 아빠께 항의를 했다.

"아빠, 낫게 하시려면 완쾌를 시켜주셔야지 이것은 무슨 조화입니까?"

"네 안에 죄악이 있구나!"

"아빠, 저는 죄와는 무관하게 살았습니다. 대체 무슨 죄를 말씀하시는지요?"

그때 아빠께서는 나의 네 가지 죄를 하나하나 지적해 주셨다.

첫째 "네가 미치기를 원하지 않았더냐?"

14살 때였다. 집의 일도 많고 동생들도 하나씩 자꾸 죽어가니 무척이나 괴로웠다. 그때 우리 집에 자주 놀러 오던 간질 환자가 있었는데, 한 번씩 발작을 하다가 멈추면 툭툭 털고 일어나서 마치 아무 일도 없었다는 듯 물 한 사발 벌컥벌컥 마시고는 멀쩡해서 돌아갔다. 나는 그럴 때마다 그가 미친 사람은 아니고 아픈 사람인데도 미친 줄로 생각되어 그가 몹시 부러웠다.

괴로운 시간을 견디고 사느니 괴로운 환경으로부터 벗어나 아무런 기억도 없는 그처럼 되고 싶었다. 만일 그의 집에 가서 그 집에 있는 멍석을 그 사람과 마주 잡으면 그 사람같이 된다는 말이 있어 나는 그 말을 믿고 혼자서라도 그렇게 해보려고 시도도 해봤다. 머리 다친 것이 회복되고 조금씩 걸을 수 있을 때였다. 횡단보도를 건너려면 빨리 걸을 수 없으니 한 2/3정도 가면 신호가 빨간 불로 바뀌곤 했다. 그때 중간 부분에서 기다려야 될 텐데 나는 끝까지 어정어정 건너갔더니 택시 운전사들이 크락션을 누르며 큰 소리로 난리를 쳤다.

"이게 미쳤나?"

아빠께서는 나를 그냥 지나가게 하지 않으시고 미쳤냐는 욕을 많이 먹게 하셨다. 나는 세밀하심에 놀라 이렇게 고백했다.

"내가 아빠를 모르는 시절에도 나의 모든 것을 다 보고 들으신 아빠! 당신의 귀는 당나귀 귀, 그리고 당신의 눈은 불꽃같습니다."

둘째로 "네가 아프기를 원하지 않았느냐?"

시립병원에 폐병 환자를 격리 수용한 병동으로 자주 전도를 갔다. 흰 가운을 입고 난로 가에 앉아서 노닥거리며 라면을 끓여 먹는 그들이 너무 부러웠다.

"아빠, 저도 3개월 정도 아파서 난로 가에서 여유 있게 앉아 성경 한 권을 읽고 또 읽었으면 좋겠습니다."

셋째로 "네가 죽기를 원하지 않았느냐!"

예수님을 믿으려고 택한 길이 쉽지 않았다. 우선 굶기를 밥 먹듯 하니 배가 고팠고 이래저래 고난을 당하고 보니 힘에 겨웠다. 그렇다고 주님을 거역할 수도 없고 자살을 할 수도 없었기에 그만 살고 빨리 예수님 곁에 가고 싶은 마음뿐이었다. 그러나 그런 기도를 주님이 들어주실 리가 없었다. 그 뜻을 인편으로라도 전하고 싶은 마음에, 병이 깊어 천국 갈 날이 멀지 않는 곧 돌아가실 것 같은 분을 만나면 꼭 이렇게 전해 달라고 주책을 떨곤 했다.

"천국에서 예수님을 만나시면 땅에 있는 황월순이도 천국에 빨리 가고 싶다고 꼭 잊지 말고 전해 주세요."

넷째로 "왜 형제를 사랑하지 않았느냐?"

내가 미워하는 한 사람이 있었다. 오빠의 부인인 올케로 믿지 않는 집에서 시집을 왔다는 것도 못 마땅했고 나랑 많이 다른 것이 미웠다. 그리고 부모님을 잘 모시지 못하는 것도 미워했는데 나는 아빠의 깨우침을 상기하면서 침상에서 회개했다.

"제가 나으면 얼른 가서 화해하겠습니다."

깨달아서 기쁨으로 기도를 하니 전에 파괴된 오장육부가 건강해지고 푸르죽죽한 혈관이 돌아오면서 모든 것이 회복되었다. 아빠는 생명을 가볍게 여기고 지음 받은 자신을 학대한 죄를 가장 큰 죄로 회개시키셨다. 입의 말이 복록(복으로 기록된 말)이 되어 그대로 이루어지도록 진행시키니 과연 우리 아빠는 공의롭고 전능하신 분이다! 나는 그런 아빠 앞에서 항복하여 두 손 두 발을 다 들 수밖에 없다. 그 후부터는 교회 사역을 하면서 형제자매들이 미치고 싶다, 죽고 싶다, 그런 표현을 하면 기겁을 하고 말린다.

"NO! NO! 그런 말을 입에 담으면 안 돼요. 아빠께서 다 듣고 계시다 나중에 다 물어보신답니다. 쉿!"

대신 내 입에 새롭게 하게 되는 말이 생겼다.

"아빠, Thank you!"

"아빠! Thank you! 아빠, 박수 받으세요!"

12부.

치료의 아빠

1. 급성발작성 천식
2. 중풍병자
3. 아들의 두통
4. 반이 감긴 눈
5. 적립선 통증
6. 장 파열
7. 농아
8. 직장암
9. 유방암
10. 척수암

급성 발작성 천식

"너희가 내 이름으로 무엇을 구하든지 내가 시행하리니 이는 아버지로 하여금 아들을 인하여 영광을 얻으시게 하려함이라" (요 14:13)

1986년 여름 나는 부산의 한 교회를 섬기고 있었다.

그때 나는 차량을 운전할 수 있었기에 거리가 먼 5교구를 담당하고 있었는데 걸어서 심방할 수 있는 1교구로 내 담당이 바뀌었다. 바뀌던 첫 날, 남편은 청년회 회장이고 자신은 1교구 교구장이신 집사님을 교회 앞에서 만났다. 그 분은 내 손을 잡고는 7살 난 외아들이 급성 발작성 천식으로 죽게 생겼다며 울먹였다. 아들은 6개월 째 병원에서 치료를 받고 있는데, 약 효과도 없고 기도가 막힌 듯 숨이 거칠어 온 가족이 근심에 쌓여있으며 아들은 유치원 수업도 못 받는다고 했다. 나는 그 분에게 물었다

"복중에 태아를 가졌을 때 기쁨으로 그를 환영했나요? 질식할 만큼 힘든 때가 있었나요?"

집사님은 그때 자신의 이야기를 털어놓았다. 첫째 둘째 아이가 모두 딸이어서 셋째 아이를 임신하자 또 딸이면 어쩌나 싶어 근심하여 열 달 내내 편치 않았다고 했다. 아들을 만나보니 심한 호흡장애로 숨을 쉴 수 없어 사지를 뒤틀다시피 하고 있었다. 깜짝 놀란 나는 말이 필요 없다 싶어 당장 기도를 시작했다.

"하나님 아버지……." 하면서 기도를 시작하는 순간 아이는 거칠

게 몰아쉬던 숨소리는 간곳없고 보통 목소리로 말을 했다.

"엄마야, 전도사님하고 기도하는데 흰옷 입은 허리 꼬부라진 할머니 귀신이 지팡이잡고 텔레비전 위에 나왔다."

기도하던 집사님은 놀라서 아이에게 너 지금 뭐라고 했냐고 다그쳤다. 그랬더니 아이가 또 말을 했다.

"엄마와 전도사가 눈을 뜨니 할머니 귀신이 텔레비전 뒤로 퐁당 숨었다"

그 아이는 기도가 시작되자 스스로 영안이 열려 자기를 묶고 있던 어둠의 세력이 빠져나가는 것을 직접 목격하고, 그동안 자신을 옭아맸던 천식의 고통에서 벗어나게 된 것이다. 그때 집사님은 "내가 네 아들을 낫게 해 주마"라고 말씀하시는 하나님의 음성을 들었고 그 아이의 할머니도 손자를 낫게 해 주신다는 하나님의 뜻을 알게 됐다. 그리고 성경 66권의 말씀이 온전히 믿어지는 신앙을 온 가족이 갖게 되었다.

그 후 나는 그 교회를 사임했는데 4년 뒤 버스에서 다른 성도를 통해 그 집사님의 이야기를 듣게 됐다. 아이는 그 후 한 번도 재발하지 않고 학교에 잘 다니며 공부도 잘해서 전교 1, 2등을 놓치지 않는다고 했다. 할렐루야! 아버지께 존귀와 영광을 돌린다. 병의 원인을 알고 십자가 앞에 그 죄를 내려놓을 때 그 크신 자비와 은혜로 아들을 회복시켜 주셨다.

나는 20년 동안이나 기도를 하며 그 가족과의 상봉을 꿈꾸었는데 2006년 11월 이 글을 쓰기 위해 본인의 허락을 받으려고 집사님의 연락처를 수소문해 보았다. 이제는 권사님이 되신 그 아이의 어머니와 통화를 할 수 있었는데 권사님의 시아버님과 고모부는 일찍이 성직자로 봉직하고 계신 분들이었다.

권사님은 아들이 큰 고난을 통과할 때 하나님만 바라보았고 또한 크고 작은 어려움이 있어도 오직 주님만 의지하고 사셨다고 했다. 자신이 체험한 하나님의 은혜에 감사하며 견고한 믿음으로 더욱 성숙한 그리스도인으로 거듭나 있었다. 아들은 서울의 명문대에 들어가 학업에 충실하며 이태리에서 성악을 전공한 누나 둘과 함께 3남매가 합심해서 찬양사역에 헌신하고자 준비 중이라고 했다. 특히 아들은 자기를 치료해주신 하나님의 은혜에 감사해서 세계 젊은이들을 하나님께로 인도하고자 찬양사역의 비전을 가지고 있다는 말을 들었다.

할렐루야! 긴 세월 동안 하나님께서 각 사람을 따라 선하게 채워주시는 그 크신 은총에 깊이 감사를 드린다.

중풍병자

"예수께서 저희의 믿음을 보시고 중풍병자에게 이르시되 소자야 안심하라 네가 죄사함을 받았느니라" 마태복음 9:2

교회에 잘 출석하시는 74세 할아버지께서 중풍으로 쓰러지셨다. 아버님이 한의원에 입원을 하게 되자 그 아들이 연락을 해왔다.

"중풍은 난치병이 아닙니다. 기도해서 나으면 그 한의원의 침술이 좋아서 나았다고 마시고 하나님께서 낫게 해주셨다고 영광을 돌리시겠습니까? 하나님께서는 혼탁한 것을 싫어하십니다."

내 말에 "예, 그러지요."라고 그가 흔쾌히 대답해서 물어보았다.

"부친께서 혹시 자신보다 못한 사람을 대하실 때 그 사람을 무시하는 것을 보았습니까? 사람을 무시한 죄를 회개하면 부친의 병이 낫습니다."

그가 그런 적이 있다고 해서 아버지를 대신해서 아들에게 회개기도를 즉시 드리게 했다. 이렇게 기도를 하면 빨리 회복이 되는데 20일이 지나도 연락이 없었다. 알고 보니 지팡이 짚고 교회 나오신 지 2주가 되었다고 했다. 할렐루야!

예수님께서 중풍 병자를 치유하실 때 특별히 "네 죄 사함을 얻었느니라" 하고 죄에 대해서 말씀하셨다.

사람을 무시한 것은 무시한 사람만을 향한 것이 아니고, 그 사람을 만드신 창조주를 무시한 것이기에 아빠는 그것을 죄로 보시는 것이다. 살아있는 인격체를 마치 죽은 자 취급을 하니 자기 자신이 먼저 반신불수가 되는 고통을 당하게 되는 것이다. 남을 나보다 낫게 여기는 겸손한 마음으로 사는 것이 아빠를 바로 믿는 마음의 자세다.

아들의 두통

"볼지어다. 내가 문 밖에 서서 두드리노니 누구든지 내 음성을 듣고 문을 열면 내가 그에게로 들어가 그로 더불어 먹고 그는 나로 더불어 먹으리라." 요한계시록 3:20

어느 날 중국에서 강의를 하고 있는 교수님에게 전화가 왔다. 아들이 머리가 아프다는데 원인을 찾지 못해 안타까워하며 기도를 부탁했다.

"혹시 오늘 생활하시면서 마음을 하나님께 두지 않고 일하는데 너무 뺏기지 않았습니까? 하나님 모실 공간에 어두움이 많이 있습니다."

"점심시간에 강의 준비하면서 찾는 자료가 너무 없어서 안달이 나서 신경을 곤두세운 것 같아요. 이것이 문제가 될까요?"

"그럼요. 자료가 풍성할 때는 '아빠, 오늘은 강의 준비가 잘 되었습니다' 하고 감사하시고 자료가 없을 때는 '아빠, 오늘은 자료가 없는데 저에게 지혜를 주셔서 아빠의 방법으로 풍성케 해 주세요' 하고 아빠께 마음을 전부 드리세요. 아빠께서는 사람들 마음에 들어오셔서 같이 삶을 나누길 기다리십니다. 오죽하면 우리 머리카락까지 세신 바 되었다 하셨겠습니까? 우리가 아빠를 찾고 기쁠 때 같이 즐거워하시고, 곤고할 때 전능하신 그 분의 도우심으로 잘 해결해 나가면서 아빠께 영광을 돌리기를 바라시는 것입니다. 아빠께서 너무 외롭다고 하셔요."

"아니? 하나님께서 어떻게 외롭다고 하십니까?"

"사람들이 자신들의 삶에 아빠를 초대하지 않기 때문입니다. 아들을 보내셔서 십자가에 내 놓으시며 우리를 사랑하시며 '네 마음을 다하고 뜻을 다하고, 힘을 다하여 주 너의 하나님을 사랑하라' (마가복음 12:30)고 하셨는데 우리는 마음을 세상에 다 내어주고 주일 예배드릴 때나 잠깐 와서 인사만 하고 갑니다. 한번은 제게 예배당에서 예배하는 모습을 보여 주셨는데 모인 사람들 머리는 없고, 몸만 가득 있고 썩은 냄새가 진동했습니다. 하나님을 향하는 얼굴도 없고 영으로 호흡하는 사람도 없으면서, 이방인에게도 허락한 먹고 마시는 것만을 '다오', '다오' 하면서 생각은 온통 세상 것으로 채워있고, 머리가 없어 응답하고 싶어도 누가 누구인지 분별할 수 없었답니다."

그렇게 대화하는 동안 아들의 머리가 맑아지면서 회복이 되었다는 소식이 들렸다.

"이제 하나님을 향해 온전히 마음을 드리겠습니다."

할렐루야! 아멘!

반이 감긴 눈

"눈은 몸의 등불이니 그러므로 네 눈이 성하면 온 몸이 밝을 것이요" 마태복음 6:22

오래 전 존경하는 목사님으로부터 전화가 왔다. 서울대학교 출신의 학구파 목사님으로 자신의 동기생 목사님이 이년 동안 왼쪽 눈꺼풀이 쳐져 반 밖에 뜨지 못한다고 했다. 병원을 찾았지만 병명도 알 수 없고 찾아 갈 곳도 없다며 상담을 요청했다. 그 분을 집으로 초청하자 아빠는 다 뜨이지 않는 눈에 대한 답을 주셨다.

출생의 아픔을 가지고 있던 그 분은 모태로부터 비판하고 판단하는 쓴 뿌리를 가지고 태어나서 시작된 것을 알 수 있었다. 그 부분을 아빠께 죄로 고백하게 하고 일주일이 되자 놀랍게도 회복이 되었다. 본인은 물론 주의 종이 고침을 받으니 나 또한 얼마나 기뻤는지!

"내 눈이 똑같아졌지? 정말 똑같아졌지?"

그 분은 자신을 아는 사람들에게 이 말을 하면서 거울을 꺼내보며 신기해했다. 다른 사람을 정죄하고 판단하는 것이 어두움이 되어 자기 인생의 빛을 봐야 할 눈에 먼저 문제가 생기게 된 것이다. 그 후에 목사님은 부모형제와의 관계를 회복하고 평생을 타인에게 그렇게 대하지 않을 것을 결심했다.

"나는 중보기도에 관한 서적과 신간을 놓치지 않고 다 읽었습니다. 적어도 중보 기도자들은 하루에 8시간 이상 기도해서 하나님께 응답을 받는데, 전도사님은 무릎을 꿇고 조용히 기도하는 시간을 갖는 것도 못 보았는데 어떻게 그리 빨리 응답을 받는지 참으로 연구대상입니다.”

당시 성경을 40번이나 통독하셨던 그 목사님은 후에 한국의 대형교회 교역자로 초빙되었다.

전립선 통증
(중국 장국보 형제 간증문)

"하나님이 세상을 이처럼 사랑하사 독생자를 주셨으니 이는 저를 믿는 자마다 멸망치 않고 영생을 얻게 하려 하심이라"
요한복음 3:16

나는 중국에 살고 있는 장국보이다. 올해 28세로 7년 전에 조 교수님을 통해 복음을 듣게 되었다. 2000년 대학 졸업 당시 취업 문제로 방황할 때, 예수님에 대한 소개를 들었고 성경공부와 예배에 참여했다. 중국 전통의 재물 신, 부뚜막 신 정도의 신이겠지 생각하며 교수님을 통해 좋은 취업을 목적으로 참석했다. 그러던 중 교수님 추천으로 다른 친구보다 좋은 직장에 들어가게 되었다. 직장에 다니면서도 만족하지 않고 어떻게 하면 돈을 더 벌 수 있을까 욕심을 내며 예배는 열심히 참석하지 않았다.

그러던 어느 날 몸에 이상을 느껴 병원에 가서 진찰을 받아 본 결과 믿을 수 없는 의사 선생님의 말씀과 진단서를 받았다.

"만성전립선염이라는 병인데 이 병을 즉시 치료하지 않으면 앞으로 아이를 낳지 못할 가능성이 많습니다."

나는 '이젠 끝장인가?' 하는 생각이 들어 진단서를 보며 한참을 울었다. 실망하기에는 할 일이 많으니 치료를 받기로 했는데 치료비 액수가 내게는 천문학적인 숫자였다.

당시 나의 월급은 800원인데 하루 치료비가 500원 정도로 일주일에 3000~4000원 정도였다. 10여일 넘게 주사액을 맞으며 치료를 받았는데 호전되지 않고 오히려 더 악화되었다. 절망에 빠져 있는 모습을 보고 조교수님과 사모님은 따로 집으로 불러 이유를 물으셨다. 따뜻한 위로에 서러워 한바탕 울고 진단서를 보여주며 모든 사정을 말씀 드렸더니 곧바로 미국에 계시는 황월순 어머니께 전화를 드려 상담을 하셨다. 나는 이 병뿐만 아니라 근심과 두려움으로 절망 속에 지냈고 밤이면 밤마다 놀라서 잠도 제대로 잘 수 없었으니 직장생활도 잘 할 수 없었다. 심각한 상황이라 며칠 동안 교수님 댁에서 같이 지내며 기도로 도움을 받기도 했다. 황 어머니께서는 나의 병이 내 모친의 생활과 관계가 있다고 말씀하셨다. 저의 할아버지가 살아 계셨을 때 재산을 분배하면서 큰아버지 댁에 더 많은 재산을 주신 것 때문에 모친은 불공평하다고 원망을 해 왔었다. 시부모라고 부르는 분들께 거역하고 형제간의 불화한 죄가 있다고 지적해 주셨다. 그리고 모친께 전화를 해서 이 일이 원인이 되어 내 병이 생겼다고 하고, 할아버지는 돌아가셔서 용서를 빌 수 없으니 큰댁 큰어머니께 사죄하고 선물을 사 드려서 마음을 풀게 하고 나를 위해 축복해 달라고 말씀 드리라고 했다.

처음에는 모친이 잘못을 인정하지 않고 가지 않으셨지만 보배 같은 아들의 몸과 마음이 너무 심각한 상태가 되자 나의 말을 따라 주셨다. 그러자 형제간에 화목하게 되고 나도 점차 회복이 되어 1년 6개월이 지난 후에는 불면증이 사라지고 몸도 많이 회복되는 기적을 보여 주셨다. 할렐루야!

후에 다니던 회사를 2년간 사직하고 신학교로 들어가서 공부를 하게 되었는데 학교 환경은 더 열악했지만 마음은 늘 기뻤고 건강은 더욱 좋아졌다. 그리고 작년 4월 29일 교회 내의 자매와 결혼했는데 전의 몸 상태에 대해 솔직히 털어놓자 자매는 원망하지 않고 더 사랑한다고 말했다. 그리고 한 달 전에는 아내가 임신을 했으니 정말 하나님의 은혜로 감사와 찬양을 드리지 않을 수가 없다. 도움을 주신 황 어머니 그리고 조교수님과 사모님께 정말 감사를 드린다.

* 국보 형제는 현재 사랑하는 아내와 4살 된 건강하고 예쁜 딸과 행복하게 살면서 교회를 섬기고 있다.

장 파열

"너희가 내 안에 거하고 내 말이 너희 안에 거하면 무엇이든지 원하는 대로 구하라 그리하면 이루리라" 요한복음 15:7

1985년 여름이었다.

대구에 있는 파티마병원 중환자실에 친척아저씨께서 입원하셨다는 소식을 듣고 문안을 갔다. 대구공고 전기과를 나와 건축현장에서 전기공사를 하신 분인데 음주운전으로 가로수를 들이받게 되어 다쳐서 병원에 오신 지 일주일이 되었다고 했다. 옆자리 전기기사가 다쳐서 병원에 입원시키고 돌아가려는데 자신의 배도 칼로 찌르는 듯 아파 자신도 입원하게 됐다고 했다. 상처부위인 배가 한 뼘 정도 열려있고 그곳에는 빨간 소독약이 발라져 있었다.

"왜 배를 꿰매지 않고 열어놓고 있습니까?"

대답인즉 장 파열로 9개월 동안 수술을 3번 해야 하는데 3개월마다 장의 어느 부위가 파열되었는지 알아야 하기 때문이라고 했다. 또 빠져 나오는 분비물을 호수로 빼내는데 하루 입원비가 34만원이고 10만 원짜리 주사를 매일 맞아야 했다. 3일마다 치료비 청구서가 나오는데 내지 않으면 치료를 해 주지 않는다고 했다. 차가 보험에 들어있지 않아 보험회사로부터 치료비와 보상을 받을 수 없는데 치료비는 엄청나고 사람은 살려야 하니 사정이 너무 딱했다. 그래서 나는 그 자리에서 간증을 했다.

"아저씨, 작년에 제가 머리를 다쳤는데 손가락 하나 들어갈 만큼 정수리 쪽이 푹 파여 60바늘이나 꿰맸거든요. 신경이 끊어져서 나아도 식물인간이 될 수밖에 없다고 의사 선생님께서 말씀하셨어요. 48시간 안에 눈이 빠질 듯 아프고 구토증세가 있을 테니 어서 큰 병원으로 가서 뇌 조직 검사를 받으라고 했어요. 하지만 돈이 없어 병원에는 못 갔지요. 상처부위가 염증이 났다가 6개월 뒤에 겨우 아물었는데 의사 선생님이 말한 증세가 그 무렵 나타났어요. 의식이 돌아왔을 때는 수족의 마비가 오며 몸이 굳어 대소변도 못 가릴 형편이었고 얼마나 아픈지 이제 곧 죽겠구나 싶었지요. 그래서 동부 교회 김덕신 목사님을 청해서 임종예배를 드리게 됐어요. '이렇게 죽으면 '평화의 집' 아들들은 어떻게 합니까?'라는 기도를 간절히 드리며 죽음의 고통을 넘나들고 있을 때, 갑자기 금빛 나는 천사가 날개 짓을 하며 저에게 다가오는 것을 보았어요. 그리고 믿기 어려우시겠지만 그 순간 두통이 말끔히 사라진 후 정상으로 회복되어 지금까지 살고 있어요. 저를 낫게 하신 하나님께서 아저씨의 장도 고쳐주실 수 있을 겁니다. 제 말을 믿습니까?"

"너는 정직한 애니 설마 거짓말을 하겠니? 일단 네 말을 한 번 믿어 보겠다."

"아저씨, 9개월 동안 치료하려면 고향의 예천군 용문면 소재지를 다 팔아도 부족하지요? 믿으시면 우리 함께 기도 드려요. 하나님께 기도드리면 상처가 나을 텐데 나으면 그 병원의 의술이 좋아서 나았다고 하지 마시고 하나님께서 아저씨 상처를 낫게 하셨다고 간증하세요. 그리고 가까운 교회에 가셔서 꼭 예수님 영접하고 예수님 믿으십시오."

내가 이렇게 다짐을 시켜드리자 그는 낫기만 한다면 내가 하라는 대로 다 하겠다고 했다.

“좋습니다. 할머니와 아주머니와 함께 제가 일주일간 아침에 금식하며 매 점심 때 찾아와서 기도를 드리겠습니다. 아픈 부위에 할머니와 아주머니와 제가 손을 얹어 기도하면 그대로 되기를 바라면 ‘아멘’ 하시면 됩니다.”

그리고 나는 기도를 시작했다.

“하나님 아버지! 이 아저씨를 고쳐 주시기를 바라며 기도합니다. 치료비가 너무 많이 들어 면소재지 땅을 다 팔아도 모자랍니다. 치료를 못 받으면 생명이 위험하고 두 아이들이 고아가 됩니다. 하나님 아버지, 저는 영혼구원을 받았으니 저의 영혼을 취하시고 저의 남은 날이 있으면 아저씨에게 덧붙여 주시옵소서! 그가 회복되면 교회가 없는 고향마을에 교회를 세울 수 있는 믿음의 장부가 되게 해 주소서. 예수님 이름으로 기도합니다. 아멘!”

놀랍게도 기도하는 날부터 호스로 빠져 나오는 이물질이 점점 맑은 물로 바뀌면서 몸이 깨끗해지기 시작했다. 하나님께서 치료를 시작하셔서 기도를 시작한 지 일주일째 회진하던 의사로부터 기쁜 소식을 들었다.

“아저씨! 내일 퇴원하셔도 되겠습니다. 이런 기적은 만 명의 환자 중에 한 명 있을까 말까 한데 아저씨께서는 참으로 운수 대통하셨습니다.”

그 다음 날 아저씨는 퇴원을 했는데 그 후부터 아저씨는 하나님께 영광 돌릴 것을 약속했다.

농 아

"예수께서 무리의 달려 모이는 것을 보시고 그 더러운 귀신을 꾸짖어 가라사대 벙어리 되고 귀먹은 귀신아 내가 네게 명하노니 그 아이에게서 나오고 다시 들어가지 말라 하시매"마가복음 9:25

1995년 가창 지역에서 일을 할 때였다. 의성군에 있는 한 교회에 다니는 신자의 딸이 중학교 때부터 49세가 될 때까지 벙어리로 살고 있다고 했다. 마침 허 집사님이라는 분의 아들이 물이 귀한 의성 지역에서 우물을 파는 기계로 그곳에서 일을 하고 있었다. 허 집사님은 아들을 보러 그곳으로 갔다가 교회에서 그 자매의 딱한 사정을 듣게 되었다. 귀신을 잘 쫓는 기도원이라고 하여 자매를 데리고 갔는데 일주일 동안 집회에 참석하며 낫기를 기다렸지만 차도가 없자 그냥 데려가기가 민망하다며 내게 연락을 해왔다.

"집사님, 제가 고치는 것이 아니니 제게 오실 것 까지는 없겠고 그 부모에게 말씀을 드려 저와 통화를 하게 해 주셨으면 합니다."

그 자매의 어머니와 대화를 하다 보니 아빠의 권위를 전혀 인정치 않고, 전처의 자식들에게 경우에 합당한 말로 교통하지 않고 살았다는 것을 알게 됐다. 어머니의 삶에서 사랑의 말을 아꼈기 때문에 딸에게 벙어리 귀신이 들리게 됐다는 아빠의 음성이 들렸다. 어머니에게 딸이 왜 벙어리가 됐는지 원인을 알려 드리고 회개기도를 권했다.

그 모친은 딸이 발병된 날부터 35년 동안 집에서 잠을 자지 않고 성전에서 회개기도를 하며 철야기도를 계속했던 분으로 회개할 문제가 없다고 했다. 하지만 나는 모친에게 발병의 원인에 대한 회개기도가 반드시 필요하므로 그 기도를 따라 하도록 했다. 마지막으로 사단을 대적하는 기도를 드렸는데 2주 후에 허 집사께서 그 교회를 방문한 후 본 것을 내게 전해 주셨다. 그 자매가 성가대에 앉아서 찬양을 하고 있더라고 했다.

식당에서 "집사님, 배고파요. 밥 많이 주세요."라고 했다며 딸에게 일어난 믿기지 않는 일에 그 어머니께서 나에게 감사표현을 하고 싶어 나를 찾는다는 말을 전했다. 나는 사양하면서 대신 직계 가족들에게 그동안 하지 못했던 사랑의 빚을 사는 날 동안 열심히 가난한 이웃에게 대신 갚으면서 살라고 전해 달라고 했다. 또한 이 후에도 딸의 병이 재발하지 않게 하려면, 비가 오나 눈이 오나 5일장 장날마다 장에 가서 지게꾼 아저씨, 행상하는 할머니들에게 따뜻한 해장국이라도 마음을 담아 사 드리면서 가난한 이웃 돌보는 일을 즐겁게 하시면 된다고 전해드렸다. 그 후 그 딸은 신랑을 잘 만나 결혼했다는 소식을 들었다.

직장암

"무릇 지킬만한 것보다 더욱 네 마음을 지키라, 생명의 근원이 이에서 남이니라." 잠언 4:23

1994년 여름 방학에 기도원에서 방귀를 잘 뀌는 분을 만났다. 기도원 방에는 여러 명의 기도자들이 같이 지내는데 그 형제와는 도저히 같이 잠을 잘 수 없다는데, 이유는 그 형제가 숨을 쉴 때마다 붕-붕- 방귀를 뀐다는 것이었다. 사정이 딱해 아빠께 여쭈어보고 그 형제를 만났다.

"저는 직장암 환자라 대변볼 때 많이 아파 아무거나 먹을 수 없어 고통스럽습니다. 그러니 절로 먹고 싶은 것이 많아 생각만으로 종일 먹습니다."

"형제님, 이제는 방귀 걱정 안 하셔도 됩니다. 먹고 싶은 것이 있을 때 당장 먹을 수 있으면 먹고, 먹을 수 없다면 먹고 싶다는 생각을 끊으세요. 생각으로 먹고 싶은 것을 받아들이면 영이 먼저 알아 3-4시간 후에 가스로 배출되는 것이 방귀입니다."

아빠는 내게 생각을 이기고 절제하면 방귀문제도 해결된다는 지혜를 주셨는데 실제로 그 형제는 그 후로 방귀를 붕붕거리지 않게 되었다.

유방암

그 후에 예수께서 성전에서 그 사람을 만나 이르시되 보라 네가 나았으니 더 심한 것이 생기지 않게 다시는 죄를 범치 말라 하시니 요한복음 5:14

98년 어느 날 새벽 1시30분, 집사님이신 모친이 자신의 딸이 유방암으로 중환자실에 입원해 있는데 위독하다며 전화를 하셨다. 의사가 임종 날이 이틀 후 정도 될 것 같다고 했다며 딸의 의식이 오락가락하고 물도 못 넘겨 숨만 거두면 바로 송장이라고 했다. 딸은 1년 반 전에 유방암 수술을 받았는데 재발이 됐다가 이 지경이 되어 친구의 권유로 급하게 전화를 한다고 했다. 나는 이야기를 다 듣고 딸의 삶 중 3가지 정도 하나님 앞에 회개할 부분을 말씀 드렸다. 그러자 어떻게 그렇게 잘 아느냐면서 놀라워했다. 딸을 대신해 회개기도를 드리는 동안 아빠께서 치료과정을 보여주셨다.

"따님이 회복될 것입니다."

"우리 딸의 상태는 거의 무의식 상태에서 어쩌다 정신이 돌아와도 물 한 숟가락을 못 넘깁니다. 온 몸이 다 굳어있고 숨만 멈추면 이 세상 사람이 아닙니다." 그러더니 연락이 왔다.

"전도사님, 제가 암으로 죽게 되었던 사람입니다. 의사 선생님께서 암세포가 다 죽었다고 내일 퇴원을 허락하셨습니다."

통화 후 나는 너무도 놀라고 기뻐 아빠께 '어떻게 이럴 수가 있습니까?' 하고 여쭤보았다.

"내가 너무 급해서 그냥 내려왔다."

아빠께서는 이렇게 말씀하시며 그 자매가 재발하지 않도록 몇 가지 주의를 주셨다. 자매의 암은 병원에서 치료한 것이 아니고 하나님께서 낫게 하셨으니 하나님께 영광을 돌리라고 했다. 모친은 자기 딸이 믿음이 없으니 내게 심방을 한번 와 달라며 통사정을 했다. 그래서 7시간 반이나 걸리는 그 집으로 심방을 갔더니 자매가 부친과 함께 걸음마 연습을 하고 있었다. 척추 디스크가 있어 침대에 딱딱한 베니어합판을 깔고 자는데 허리도 낫게 해 주면 내가 시키는 대로 무엇이든 하겠다고 했다. 남편을 불러 그에게 물어보았다.

"아내 때문에 혹시 허리가 꺾일 만큼 힘든 때가 있었나요?"

"없습니다."

"생각나면 다시 오세요."

남편이 방문을 열고 나가려다 다시 내게 몸을 돌렸다.

"부부싸움을 하면 화가 풀릴 때까지 밥을 안 해 줍니다."

"그래요? 그러면 자매님께서 먼저 남편께 용서를 비세요."

"자기야! 미안해"

"아니 어떻게 남편에게 반말을 씁니까? 다시 해 보세요"

몇 번을 해도 존댓말을 못해서 따라 하라고 시켰다. 가까스로 나를 따라서 남편에게 용서를 빌자 남편께서 용서해 주셨다. 남편에게 당신의 아내가 새로워졌으니 당신도 마음껏 축복하고 당신이 아내의 주인인 것을 인식하며 남은 날들을 웃음으로 살라고 축복기도를 드리라고 했다. 척추 디스크 문제를 기도하자 그 자매는 복수가 많이 차서 복수만 낫게 해 주시면 하나님께 영광 돌리겠다고 했다. 그래서 나는 자신의 배만 불리고 살았는지 아이들을 어떻게 키웠는지를 다시 물어 보았다.

"4년 동안 서울에서 저희들이 키우고 그 다음은 외가에서 키웠습니다."

"양육비를 드렸나요? 친가는 기업이 되어 안 드려도 괜찮지만 외가는 기업이 아니니 양육비를 드려야 합니다."

한 번도 드리지 않았다는 말에 지금까지 밀린 양육비를 계산해서 드리라고 했다. 아빠께서 말씀하셨다. 다른 사람에게 빚진 것이 있으면 갚으라고 하셨다. 그러자 그 부모가 1억의 빚이 있어 채권자가 법정에 송사 중이라며 기도를 부탁했다.

"마당에 고급 승용차가 보이던데 집사님 차입니까?"

"그렇습니다."

"남에게 빚이 있어 원망을 들으면 그 일로 자녀에게 해가 미칠까 두려우니 차를 팔아 채권자들에게 나누어 주고 대물림을 해서라도 다 갚으셔야 합니다."

그렇게 하겠다는 약속을 듣고 이런저런 이야기를 나누다 보니 새벽 3시 30분이었다. 그 자매는 그 시간까지 자기가 소파에 누워있던 것이 신기해 놀라워했다. 아침 8시에 출발하면서 척추도 아빠께서 만지시고 계시다는 사실에 감사를 드렸다. 할렐루야!

나오는데 봉투를 건네주어서 열어 보니 10만원이 들었다. 만원을 빼서 십일조는 제가 받아도 되니 만원만 받고 나머지 9만원은 빚 갚는데 쓰라고 돌려주고 왔다.

집에 돌아오니 자매로부터 연락이 왔다. 2층 친척집에 계단을 혼자 올라가 2시간이나 놀다가 왔다는 것이다. 3일 후에는 복수가 다 나아서 암 센터도 갔다 오고 이웃도 다닌다고 전해 와서 딸이 재발하지 않도록 매일 1분이라도 통화하게 해 달라고 모친에게 부탁했다.

그러나 2달 동안 나는 딸과 한 번도 통화를 못했고 모친이 한 번씩 딸이 아직 돈을 안 준다는 소식만을 전해왔다.

2달 후에 전화가 왔는데 재발이 되어 큰 병원에 갔더니 받아주지 않는다며 다시 나에게 오라고 했다.

제가 낫게 하는 것이 아니라고 해도 모친이 울면서 딸을 살려달라고 애걸해 다시 부랴부랴 도착해보니 그 자매는 벌써 숨을 거둔지 2시간이 되었다며 방에 뉘어져 있었다. 큰 병원에서 받아 주지 않아 지방병원에 갔는데 산소호흡기도 하지 않고 들 것에 들려가다가 숨을 거두었다고 했다. 집으로 들어갈 때 그 승용차가 아직 서 있기에 나는 다시 물어 보았다.

"집사님, 지난 번 저 승용차를 팔아서 채권자들에게 최선을 다하라고 했는데 어떻게 된 일입니까?"

방에 들어가니 자매는 허리가 굽은 채로 있어 손을 넣어보니 약간의 온기가 남아 있기에 지금이라도 회개하면 용서해 주시려나 하고 그 앞에서 기도를 시작했다.

"하나님, 이 딸이 떠나면 두 남매는 고아가 됩니다."

그러자 모친이 울면서 이렇게 기도했다.

"하나님 아버지, 이년이 죽일 년입니다. 딸이 전화하려고 하면 '황전도사가 신이냐, 하나님이 낫게 했지?'하며 제가 딸이 전화하는 것을 방해했습니다."

"참 악독하시군요. 그러면서 딸이 돈을 안 준다고 제게 여러 번 말했습니까?"

사위도 장인 장모께 양육비를 드리지 않았다고 말했다.

"약속을 왜 이행하지 않았나요? 부모님께 드리려고 한 것을 왜 한 번도 안 드려서 하나님께 죄를 범하셨습니까?"

그 집을 나섰을 때 너무 허탈하고 운전할 힘도 없어 가까운 바

닷가를 찾아 1-2시간 있다가 출발할 수 있었다. 예수님께서 세상에 계실 때 인자가 머리 둘 곳이 없다는 말씀이 생각났다.

사람들 마음이 어찌 이리 강퍅하고 염치가 없을까! 사지에서 건져내어 새 생명 주셨는데 그 은혜를 입고도 하나님 편에 서지 못하는 사람들! 예수님께서 열 문둥병자를 고쳐주셨을 때 한 문둥병자만 돌아와서 감사를 드렸다. 영육 간에 더해진 복을 받은 한 문둥병자를 보시며 아홉은 어디에 갔는지 한탄하신 예수님!

감사치 않는 아홉 문둥병자는 육체는 회복이 되었겠지만 영원한 생명책에 그 이름이 기록되었는지는 확정할 수 없다. 덤으로의 인생이 시작될 때에는 새로운 생명을 허락하신 하나님을 위해 살아야 재발되지 않음을 생각하며 그 지역을 떠났다.

척수암

98년도의 일이다.

아는 사람이 연락하기를 로스앤젤레스 한 교회에 암 환자가 있다고 했다. 의사로부터 일주일 선고를 받았는데 내가 병원으로 직접 전화를 해 줄 수 있느냐고 부탁을 했다. 그래서 나는 국제전화를 걸어 그 형제님과 55분간 통화를 하게 됐다.

교회에 출석하는 성도라고 하셔서 인사를 나누고 어떻게 아픈지 물어보았다. 그 형제는 암이 재발하여 수술을 받고 온 몸으로 퍼졌다는데 통증이 너무 심해 척추 마디마디에 약물투여를 해야 하는 난치병이었다. 모르핀 1단계에서 3단계로 높여 투여해도 효험이 없어 24시간 통증에 시달려야 했고 가족들과 교회식구들은 임종 때가지 통증을 줄여 달라고 기도하고 있다고 했다. 나는 형제에게 질문을 했다.

"혹 형제님 앞에 어린아이가 길을 가다가 넘어졌을 때 형제님이 얼른 뛰어가 어디 다쳤는지 살피고 도와주는 형입니까? 아니면 그냥 보고 있다가 일어나서 절뚝거리면서 가면 그 녀석 괜찮네 하고 관망하는 형입니까?"

형제는 두 번째 쪽이라고 했다.

"형제님 삶이 남이 어려울 때 도와주지 않아 모르핀을 3단계로 높여도 몸에 효험이 없어 아픕니다. 이 부분을 하나님 앞에 회개하고 기도하면 나을 겁니다. 하실 수 있겠습니까?"

그가 회개 기도를 하고 나는 대적기도를 한 후 전화를 끊었다.

그 다음날 아침 형제는 화장실에서 볼일을 보고 내용물을 확인했을 때 혹 덩어리 2개가 떨어져 나온 것을 보았다고 했다. 회진하는 의사가 왔을 때 평안한 얼굴과 몸 상태를 보며 깜짝 놀라 어젯밤에 무슨 일이 있었느냐고 물어 보자 그 형제는 어제 밤에 기도하고 평안히 잘 잤다고 했다. 의사가 조직검사를 한 후 암세포가 다 죽었으니 내일 퇴원해도 되겠다고 했다는 것이다. 할렐루야!

아빠께서 얼마나 간단히 치료하시는지 놀라울 따름이었다. 하나님의 치료방법은 암이나 감기나 마찬가지로 하신다. 소개해 준 집사님을 통해 퇴원 소식을 들은 후 한 달이 지나도 형제로부터 아무 연락이 없어 재발될까 걱정이 되어 처방을 전해 주었다.

"하나님께서 암세포를 다 죽여 몸 밖으로 빠져 나가게 해 치유해 주셨는데 이 사실을 우리 공동체 나팔수로 증거 해 주실 수 있겠습니까?"

대답은 이전부터 펼쳐놓은 일이 너무 많아 새로운 일을 할 수 없다고 했다. 그 형제는 장례 일을 통보 받았기 때문에 수의를 준비해 놓고 사진도 찍어 놓는 등 장례준비를 다 해 놓은 상태였다. 그리고 누워 있으면 혹이 불쑥불쑥 여기저기 올라와서 돌아누워야 했다. 그런데 본인의 삶에서 냉정한 마음으로 살았던 것을 회개하니 혹이 빠져 나와서 기적이 일어났다. 그러나 하나님 방법으로 나은 사실을 간증할 수 있는지, 하나님 나라를 확장하고 다른 암 환자들에게 힘을 줄 수 있을까라는 아빠의 제의를 그는 단호히 거절했다. 그로부터 한 달 후에 그 형제의 부인으로부터 전화가 왔다.

"남편이 재발되어 입원해 있는데 전도사님 기도 좀 해 주세요."

"제가 고치는 것이 아니고 하나님께 영광을 돌려 스스로 생명을 만들어 연장시킬 수도 있었는데 남편께 말씀 드렸을 때 거절하셨습니다. 저로서도 어쩔 수가 없습니다."

나는 이렇게 대답하고 절대 손해 보시지 않는 아빠를 생각했다.

아빠의 나라를 위해 해야 할 부분이 있고 사명이 있어 살려주셨는데 형제는 그 말을 들을 겨를이 없었다. 내가 형제 얼굴을 보고 손을 얹어 안수한 것도 아니고 사단 대적기도를 통해 간단히 회복되었는데 재발을 방지할 처방은 듣지 않았다. 두 달이 지나도 감사전화 한번 없었다. 그리고 재발되었다는 소식에 마음이 허탈해지고 외로우신 아빠의 마음을 느끼기에 충분했다. 사람을 지으신 것을 한탄하시는 마음과 너무나 강퍅한 인간에 대해 분노하시는 아빠를 느꼈다.

"보라 네가 나았으니 더 심한 것이 생기지 않게 다시는 죄를 범치 말라"(요한복음5:14) 아빠의 말씀이 들려왔다.

13부.

생명체의 신비

1. 엄마의 젖 줄기
2. 생리의 날
3. 유산
4. 불임
5. 사랑하는 아기
6. 태의 열매
7. 죽기를 바라며
8. 보름의 기적
9. 3일 만에 열린 자궁
10. 자식농사

엄마의 젖 줄기

2003년 3월에 임신하면서 상담한 자매에게서 급한 전화가 왔다. 먼저 자연 분만해서 아들을 낳았다는 소식에 축하 드렸다. 그런데 아기에게 젖을 주려면 아기가 잘 빨지 못해서 그러는지 젖 줄기가 터지지 않아 아기는 배가 고파서 우니 엄마의 마음이 괴롭다고 기도부탁을 했다.

"혹시 득남을 하셨다고 안심이 되어 아기 생각은 하지 않고 다른 생각에 빠져 있었나요?"

"예, 위로 딸 둘을 낳고 이제 아들을 낳았으니 마음도 가볍고 기분이 좋아서 직장에 빨리 나갔으면 좋겠다고 생각했어요."

"젖이 고여 있고 흐르지 않는 이유를 아빠께서 말씀하십니다. 엄마 마음의 가장 민감한 부분을 아기에게 힘이 되도록 마음을 다 하지 않았군요. 시작되는 생명체는 작고 미약해서 어미의 아주 섬세하고 깊은 마음의 힘을 실어 주어야 합니다. 아기를 환영하고 축복하고 장래를 위해 기도하고 기대하는 마음으로 채우시면 젖이 아기에게 전달되는데 아무 무리가 없을 것입니다. 아빠께서 주신 천하보다 귀한 생명체를 존귀하게 여기지 않고 다른 일에만 빠져 달려가기에 마음을 다 빼앗겨 영양을 전달하지 못했답니다."

자매에게서 감사의 소식이 들려왔다. 아빠께 기도를 드리고 아기에게 마음을 쏟았더니 곧 젖 줄기가 터져 넘치도록 흐른다고.

할렐루야!

생리의 날

며칠 뒤에 득남한 자매의 친구로부터 전화가 왔다. 본인은 아주 부유한 집에서 꽃처럼 곱게 자랐는데 생리의 양이 너무 많아서 학창시절에는 며칠씩 결석도 했다며 원인을 알기를 원했다. 아빠께서 또 말씀해 주셨다.

"생명 있는 일에 수고하지 않아 생명을 유지하는 피가 몸에 필요가 없어 쏟아져 나온답니다."

"생명 있는 일은 무엇입니까?"

"예를 들어 나 외에 가장 가까운 사람들을 쉬게 하고 즐거움을 나눠주는 일입니다."

"저는 지금까지 전혀 남을 도우며 살지 못했습니다. 이제부터는 바꾸어야겠습니다."

"몸으로도 섬기고 물질로도 가난한 사람에게 나눌 수 있어야 합니다. 아빠께서는 약대가 바늘귀로 나가는 것이 부자가 하나님의 나라에 들어가는 것보다 쉬우니라(마가복음10:25)고 말씀하셨습니다. 나를 위해 부요하게 다 써 버리면 나눌 것이 없어요. 그래서 가정에서 아껴 쓰고 절제하는 지혜를 배우면 됩니다. 예를 들어 생리대 하나라도 지혜롭게 사용해서 아껴 보세요. 몸을 움직여 수고하면 지혜가 나온답니다. 또 이렇게 자신을 위해 절제하는 지혜를 배우면 인생의 곤고한 날에 술, 담배, 마약, 자살 등으로 자신을 파괴하려고 하지 않고 이겨낼 수 있습니다. 그리고 하나 더 묻자면, 도움을 받은 가족이나 친척, 친구들에게 빚진 것에 대해 선물로나 몸으로 감사를 드립니까?"

"생각은 있는데 하지는 못했습니다."

"그것도 생명을 쏟아내는 원인이 됩니다. 자매님의 생명을 더해 준 것에 대해 넘치도록 감사함으로 빚을 갚으십시오. 그러면 자매님 몸을 위해 있어야 할 피가 밖으로 쏟아 나오지 않고 생명으로 도울 것입니다. 그 자매는 커다란 깨우침을 얻으며 그렇게 하겠다는 다짐을 보였다. 할렐루야!"

유 산

임신한 자매에게 상담이 들어왔다.

"작년에 유산을 해서 어렵게 다시 임신을 했는데 또 유산될까 염려가 됩니다."

"아빠께서는 우리를 나무로 비유하셨고 생명을 잉태하는 것은 봄에 씨를 심는 것과 같은 원리라고 했습니다. 봄은 따뜻하고 땅에 물기가 오르면서 생명을 일으키는 기운이 있지요. 생명체에는 힘이 있기에 땅에 심겨지면 자라게 되어 있습니다. 엄마의 성품이 봄 같은 마음으로 씨를 받을 준비가 되어 있는지 살펴보세요. 순간마다 생명체가 잘 자라도록 마음을 쏟고 따뜻한 마음으로 시부모와 형제와 남편을 쉬게 하는 마음으로 섬기세요. 그러나 원래 가지고 있던 차가운 성품을 그대로 가지고 있든지, 좋지 않는 상황이 생겨 겨울 같이 꽁꽁 얼어붙은 차가움을 마음에 받아들이면 새 생명이 자궁에 뿌리 내릴 수 없을 것입니다."

그 자매는 아빠 말씀을 귀를 기울여 듣고 기도하며 자신의 마음을 가다듬었다.

불 임

결혼한 지 5년이 지났는데 수정이 되지 않아 여러 방법을 모색하며 병원을 전전하는 이웃 이야기를 듣게 되었다. 아빠께 여쭈어 보았더니 처방을 말씀하셨다.

먼저 남편이 원인이 된 경우는 이렇게 말씀하셨다.

"골육지친을 향하여 씨 될 일이 있을 때 모른척하지 않고 나의 일처럼 다가가서 나누는 작은 것으로 씨가 될 것이다. 가족을 마음으로 경제적으로 섬겨 유쾌하게 하고 주변을 살필 수 있다면 그 삶이 씨가 되어 본인의 기업(자식)을 얻을 수 있다."

아내를 향하여는"생명체를 향하여 귀하게 여기기보다 아무런 감각이 없고 그 어떤 수고나 마음을 내어주기 싫은 돌같이 차고 딱딱한 마음을 돌아보고, 밭을 갈아 씨 심기에 좋게 부드럽고 따뜻하게 바꾸어 놓으면 힘있는 생명체가 안착이 될 것이다."

어떻게 하면 돌 같은 마음이 따뜻한 마음으로 바뀔까?

나보다 남을 낫게 여기고 작은 것부터 도움을 주고 긍휼한 마음을 매 순간마다 만들어 나가면 된다. 남의 웃음과 울음에 깊이 동참하는 삶으로 아빠와 함께 바꾸어 나가면 된다. 할렐루야!

사랑하는 아기

"자식은 여호와의 주신 기업이요 태의 열매는 그의 상급이로다."
시편 127:3

어느 날 버스 안에서 임산부를 만났다. 자리가 없어서 착한 학생에게 자리를 양보 받아 앉게 도와주었다. 그 태아를 축복해 주고 싶어 내 목적지를 지나 임산부와 같이 내렸다.

"자매님, 축하합니다. 출산예정일이 언제입니까?"

"2달 남았습니다."

산모의 뱃속에 있는 귀한 생명을 한두 번 쓰다듬으며 '아빠, 이 복중에 있는 태아가 태어나서 아빠나라에 갈 때까지 정수리부터 발끝까지 건강해서 몸에 칼을 대는 일이 없도록 해 주세요. 그리고 천국에 가서 이 영혼을 꼭 만나게 해 주세요. 아멘,'

태아를 축복하고 태교에 도움이 되는 대화를 나누었다.

"혹시 자매님 가족이나 친구 중에 예수님 믿는 사람 있습니까?"

"예."

"예수님 이야기 성경 한 가운데를 열면 잠언이 있는데 이것은 지혜의 말씀입니다. 1~31장까지 있는데 매일 1장씩 소리 내서 아기에게 들려주면 아기의 양식이 되어 지혜로운 아이가 태어날 것입니다. 태어나도 계속 읽어 주시면 부모의 귀한 기업이 될 것입니다. 미국 16대 대통령 아브라함 링컨은 어머니께 물려받은 손때 묻은 성경을 많이 읽어, 분열하려는 나라를 하나로 만들고 노예제도를 폐지하는 큰 업적을 남긴 훌륭한 대통령이 되었답니다.”

귀한 생명을 잉태한 여인은 세상에서 가장 아름다운 고귀한 몸이다. 나는 시장에서나 길에서나 임산부를 만나면 태아를 축복하고 싶어 정신이 없고 기어이 축복을 하고 내 길을 간다.

중국 식구 중 막내 인혁이가 태어날 때 병원에서 해산하지 않고 우리 집에서 출산했다. 97년 6월 7일 저녁 10시정도에 진통이 있다며 출발한다는 연락이 왔다. 남편도 같이 진통하는 것과 아들 태어나는 것을 지켜보았다. 탯줄을 끊고 처음 세상에 태어난 아들을 안고 환영하고 축복했다.

“하늘 아빠, 우리 집에 귀한 아들을 주셔서 감사합니다. 믿음의 대장부가 되게 하옵시고…….”

병원에서 아기가 태어날 때도 남편들이 아내와 함께 산통을 나누며 새 생명을 맞이하는 것은 꼭 필요한 일이다. 존귀한 생명을 부모가 제일 먼저 품에 안고 안정감을 주도록 환영하여 소속시키고 복을 빌어 주는 기도시간은 인생을 신묘막측하게 지으신 창조주에 대한 예의이며 절대적인 감사의 표현이다. 새 생명의 존엄성을 인정하며 환영하는 매우 소중한 태도이기도 하리라.

태의 열매

"너희가 자기를 위하여 의를 심고 긍휼을 거두라 지금이 곧 여호와를 찾을 때니 너희 묵은 땅을 기경하라 마침내 여호와께서 임하사 의를 비처럼 너희에게 내리시리라"
호세아 10:12

첫 사람 아담과 하와가 낳은 큰 아들 가인은 동생의 의로움에 심히 분해서 살인을 저지른다. 척박한 땅에서 잃어버린 에덴을 회상하며 자신의 환경에 대해 만족하지 못하고 복중에 있는 생명에 대해 환영하고 소속시킬 겨를이 없었으리라. 그래서 분노하는 자식을 낳아 첫 살인자를 길렀던 것이다.

정신장애자 K군은 야구방망이로 무방비 상태로 앉아 있는 내 머리의 정수리를 3번 연타로 내리쳐서 4개의 신경이 파괴되게 했다. K군을 도우려고 갔다가 갑자기 생긴 일이었다. 의사 선생님은 48시간 내에 내가 식물인간이 될 수밖에 없다고 하셨으나 아빠께서 나를 살려 주셨다. K군의 어머니는 고부간의 갈등으로 임신 8개월이 되었을 때 물에 빠져 자살을 하려다 미수에 그친 상처 많은 여인이다. 복중의 상처로 K군은 많은 날을 자기 피를 보든지 남의 피를 보든지 해야 결판이 나는 정신장애를 가지게 되었고, 또 자살을 몇 번이나 시도해서 그 집은 늘 초긴장 상태였다.

기도의 여인 한나는 아들을 고대하고 기도의 응답으로 받은 사무엘을 환영하고 기뻐하고 하나님께 바치려고 나실인으로 아들을 키웠다. 그래서 사무엘은 일찍부터 하나님의 음성을 들으며 민족의 지도자로 역사의 주인공이 되었다.

남편은 씨를 심고 아내는 영양을 줌으로 한 생명이 자란다. 복중에 있을 때 기경된 땅에서 길러졌다면 분명 맛있는 아름다운 열매를 내리라. 그러나 사랑으로 경작되지 않는 딱딱한 땅에서 환영대신에 거절당했다면 반대의 맛을 내는 것은 당연하리라.

"저 자식이 누굴 닮아 이 애비 에미 속을 다 썩게 하나?"

그렇게 탄식할 필요가 없다. 그들은 엄마 아빠를 닮은 죄인 아닌 죄인일 뿐이다. 이럴 때는 조용히 자녀가 복중에 있을 때를 생각해 보면 답이 나오게 될 것이다. 아빠께서는 우리를 시냇가에 심은 나무로 비유하셨다. 물을 줘야 할 때 물을 주고 거름을 주며 잡초를 제거하고 비료도 주면서 필요할 때 영양을 공급했으면 당연히 열매도 충실하리라.

"사람이 무엇으로 심든지 그대로 거두리라"(갈라디아서 6:7)는 말씀대로 아빠는 선한 것을 심었으면 선한 열매, 악한 것을 심었으면 악한 열매를 거둔다고 하신다. 복중의 태에게 선한 것이 무엇이겠는가?

복중에 아이가 심어졌을 때 아내가 말했다.

"아니 조절을 잘 했는데 어떻게 임신이 되었지?"

그러자 남편이 답한다.

"아니, 또 임신했어?"

만일 이런 대화를 태중에서부터 듣고 부모로부터 거절당하며 태어난 아이는 공격적인 성격의 자녀가 된다.

"오, 주님 이렇게 귀한 생명을 주시다니 너무 감사합니다."

그러나 이렇게 사랑스러운 언어로 태교의 덕담을 많이 나눈 자녀는 긍정적이고 아름다운 성품의 소유자가 된다. 모태조직에서 280일 동안 자라게 될 때 아비의 씨와 어미인 토양에서 어떤 영양분을 공급해 주었는가가 인격형성에 그대로 드러난다. 누구에게나 제대로 준비되지 않은 부분이 있으리라. 늦게나마 이 부분을 아빠께 치료받기 위해 나아온다면 자녀와 함께 능히 치유해주시는 분이 아빠시다. 누구든 그로부터 자유 하게 하시고 은혜도 베풀어 주시리라.

죽기를 바라며

아니 세상에!

임신할 때부터 아기 낳기가 귀찮아 죽기를 바라는 엄마가 있었다. 죄가 될까 봐 유산을 하러 가지는 못하지만 분만할 때까지 죽은 아기로 태어나게 해 달라고 기원하기도 했단다. 그리고 역시 죽기를 기다리면서 출생한 아기에게 3일 동안 옷도 입히지 않고 수건으로 둘둘 말아 두었었다고 했다. 그 아이가 나이가 들어가면서 엄마를 심하게 거절한다고 상담을 요청해 왔다.

"당신에게 허락한 생명을 시작부터 10달 동안 거절했으니 열매가 되어 10년 이상 고난을 당연한 줄 알고 받아야 할 것입니다."

엄마 말을 정말 안 듣는 아이. 엄마 눈 맞추는 것도 싫어하는 아이. 엄마한테 생명을 거절당한 상한 심령은 10년은 퍼부어야 숨통이 트인다고 아빠는 그때 말씀해주셨다.

보름의 기적

"그러므로 생명을 사랑하고 좋은 날 보기를 원하는 자는 혀를 금하여 악한 말을 그치며 그 입술로 궤휼을 말하지 말고" 베드로전서 3:10

95년 한 기도원으로 테이프를 구하러 갔을 때였다.

잘 아는 자매가 임신복을 입고 있어 가서 축하한다는 말과 함께 배를 쓰다듬자 자매가 깜짝 놀라 배를 움츠렸다. 억지로 아기에 대해 대화를 나누게 됐는데 괴로운 심정을 토로하기 시작했다.

"전도사님, 태아가 7개월이 되는 동안 내내 죽으라고 많이 기도했습니다. 결혼한 바로 그 달에 임신했는데 남편과 시댁식구들이 부끄럽다며 '아무한테도 말하지 말고 허리를 구부리고 다니라'라고 했기 때문입니다."

나는 사정이 딱해 그 자매와 같이 기도하기 시작했다.

"당신 태에 부으신 생명인데 왜 그렇게 하십니까? 영적으로도 5-6세로 보이는 아들입니다. 성숙하게 태어나서 힘들지 않을 것입니다. 조금만 참으면 아들이 태어나기 때문에 시댁식구들도 모두 마음이 바뀔 것입니다. 진정으로 자녀를 환영하지 못하고 죽으라고 한 것을 회개하세요."

내 말을 들은 자매가 진심으로 회개하고 헤어졌는데 석 달 후에 그 자매로부터 전화가 왔다.

"전도사님, 예정일 15일 전인데 출혈이 있어 병원에 갔더니 아기가 영양실조로 1.1kg밖에 안 된대요. 태어나도 인큐베이터 안에 들어가야 하니 손을 쓰자는데 어떻게 해야 할까요?"

나도 놀라 이 상황을 하나님께 여쭈고 자매님께 설명해 드렸다.

"아기가 이렇게 된 것은 남편에게 책임이 있습니다. 복중의 아기를 환영하지 않고 훼방했던 죄를 회개하고 남은 시간 동안 아기에게 사과를 하고 태안의 아기와 대화도 많이 나누세요. 아침에 직장에 나가기 전이나 후나 인격적인 대화를 나누면서 엄마 배를 빌려 아기에게 뽀뽀도 많이 해 주세요. 하나님께서 태에서 취하여 내신다 하셨으므로 날이 차서 나올 때가지 기다렸다가 병원에 가서 자연분만 하세요."

보름이 지난 후 전화를 했더니 아들을 건강하게 낳았다고 했다.

"전도사님 고마워요. 보름 동안 1.1kg가 더 늘어 2.2kg의 정상아로 태어났고 자라면서 잘 울지도 않아 힘들지도 않아요."

시어머니께서도 내게 전화를 해서 감사를 표했다.

"전도사님 덕분에 우리가 귀한 손자를 얻었습니다."

눈에 보이지 않지만 세상에 태어날 아기를 환영하며 생명을 인정하고 그 인격체를 높이고 품어줄 때 그 사랑을 먹은 아기는 265일 동안 1.1kg 밖에 안 되었지만 마지막 15일 동안 1.1kg이 더해졌다. 나는 그 분들께 대답했다.

"제게 감사하실 것은 없고요, 생명을 귀하게 여기시는 아빠께 감사를 드리세요."

그리고 4살 때까지 엄마의 영역에서 철저히 보호받으면 부모가 노인이 되어 도움을 청할 때 효를 아끼지 않는다는 아빠의 말씀을 덧붙였다.

3일 만에 열린 자궁

"보라 자식들은 여호와의 기업이요 태의 열매는 그의 상급이로다" 시편 127:3

부산에 있는 한 교회를 섬기고 있을 때였다.

아는 성도님이 열 달이 되어 해산을 하려고 산부인과에 갔는데 공휴일이어서 담당의사가 없어 개인병원 아닌 다른 병원을 찾는다며 내게 운전을 부탁했다. 내가 담당하는 5교구의 한 병원을 찾아 부탁을 하고 입원을 도와주었다. 그런데 3일이 지나도 정상 분만을 위해 7센티미터가 열려야 할 자궁이 3센티미터 밖에 열리지 않았다. 손을 써야 한다는 병원 측 말에 나는 남편에게 산모와 무슨 일이 있었는지 물어보았다. 결혼해서 지금까지 시댁식구들과 아내가 불편한 관계에 있었는데 신랑이 바람막이가 되어주지 못했다고 했다. 그래서 신랑만 보면 소리 지르고 화를 낸다고 했다.

"그렇다면 남편께서 아내의 화가 풀릴 때까지 다 받아주시고 사죄를 하세요. 다른 말은 말고 계속 미안하다고만 하세요."

남편이 들어가서 사죄를 하니 산모가 남편 품에 안겨 한참을 울더니 30-40분 뒤에 자궁이 열려 아들을 낳았다. 할렐루야!

나중에 전해온 소식은 외국에 가서 둘째 아들도 자연분만으로 낳았다면서 나를 만나지 않았다면 제왕절개를 두 번 했을 텐데 하나님의 방법을 가르쳐 주어서 감사하다고 했다. 서로 부딪치며 살다 보면 서로가 고통을 주고받지만, 원한을 품으면 근육도 풀리지 않게 된다. 마음에 묶인 것들을 서로 풀고 하나님께서 어미 배에서 취하여 내실 때까지 기다려야 한다.

"내가 모태에서부터 주의 붙드신바 되었으며 내 어미 배에서 주의 취하여 내신 바 되었사오니 나는 항상 주를 찬송 하리이다"
(시편 71:6)

새 생명이 세상을 향하여 첫 호흡을 내쉬는 것도 생명의 주인이신 그 분의 몫이기 때문이다.

자식농사

행복을 되찾은 분식점을 하는 부부가 나에 대해 교우들에게 간증을 하고 다니자 또 다른 가정에서 아들 학업문제로 상담을 요청해왔다. IQ가 145나 되는 똑똑한 중학생 아들이 미술은 잘하는데 다른 성적은 전교에서 꼴찌에서 두 번째라고 했다.

"아들을 어떻게 양육하셨는지 과정을 들려주시겠습니까?"

"저의 가정이 집에서 물건을 만드는 가내공업을 하니까 아이들을 돌보기가 어려웠어요. 그래서 친정에 아이들을 맡기고 학교에 갈 때나 되어서 데리고 왔지요."

"친정에 양육비는 드렸나요?"

"친정에 맡겼는데 왜 양육비를 줘야 하나요?"

"친가면 모르지만 외가의 부모님이 고급인력으로 다른 일을 하실 수 있는 분인데 자녀를 맡겼으니 당연히 드려야지요."

"십일조는 하십니까?"

"20만원 합니다."

"그러면 부모님께 양육비 갚을 능력이 되네요. 부모님께서는 아직 생존해 계십니까?"

"두 분 다 돌아가시고 남동생이 둘 있습니다."

"그러면 부모님을 대신해서 남동생들에게 7년 동안의 자녀양육비를 갚고 나서 기도를 드립시다."

석 달 뒤에 그 돈을 다 갚았다는 전화가 왔다.

"아들에게 변화가 있었습니까?"

"없었습니다."

"어떻게 갚았는지 들려주시겠습니까?"

건강한 동생에게는 10만원을, 몸이 좋지 않은 동생에게는 12만원을 주었다고 했다.

"남매를 7년 키운 양육비 계산이 어떻게 그렇게 나옵니까? 22만원 준 것은 그냥 두고 최소한 각각 100만원씩은 더 갚았으면 좋겠습니다."

그러나 그 이후로는 연락이 없었다. 아빠께서는 그때 내게 이렇게 말씀하셨다. 사람마다 경우마다 다르겠지만 대가를 지불하지 않고 자식농사를 지었다면 자식 또한 부모를 기쁘게 해야 할 아무런 의무가 없다고.

14부.

가정의 회복

1. 생식 기능
2. 질투로 살인
3. 음란의 영
4. 전쟁터 가정
5. 자살 계획
6. 매 맞는 아내
7. 사랑한데이
8. 자녀 양육
9. 남은 효도
10. 아빠의 보상
11. 맏이의 특권
12. 노모의 고통

생식 기능

"선한 말은 꿀송이 같아서 마음에 달고 뼈에 양약이 되느니라" 잠16:24

3대째 고자로 태어났지만 아름답게 결혼한 신혼부부가 있었다. 교회에서 자매를 알게 되어 2년 동안 프로포즈도 하지 않고 여리고 함락 작전으로 아내가 되게 해 달라고 기도하며 혼자서 열렬히 사랑을 하고 있었다. 2년 뒤 자매에게 이 사실을 이야기하며 청혼을 하자 2년 동안이나 혼자서 사랑한 것에 감동을 받게 된 자매가 허락하여 둘은 결혼을 하게 되었다. 결혼 첫날밤에 남편이 고백을 했다.

"나는 3대째 고자로 태어났는데 중2때부터 생식기능에 힘이 없는 것을 알고 혼자 여러 가지 방법으로 발기를 원했지만 되지 않았어요. 우리 어머니도 나를 결혼 8년 만에 낳았답니다. 그러나 자매와 꼭 결혼하고 싶어 2년 동안 말도 못하고 여리고 작전으로 기도만 했답니다."

그 자매는 남편의 딱한 사정에 난감해 하다가 교인을 통해 나를 알게 되어 전화연락을 해 왔다.

"그래요, 하나님께서 분명히 회복시킬 방법을 말씀하실 것입니다."

나는 이렇게 답하고 아빠께 그의 생식기능이 치료될 수 있는 방법을 말씀해 달라고 기도를 드리자 '혀도 작은 지체로되 큰 것을 자랑하도다.'(약3:5)라는 말씀을 주셨다.

'아하! 말로 이 형제를 세워주면 되겠구나!'

"자매님, 형제가 이부자리에 들어오시면 이미 흥분한 것처럼 보이면서 언어로 표현하세요, 그리고 몸이 닿으면 흥분해서 오르가즘을 한 것처럼 보이시며 인사를 꼭 하세요"

그 자매는 순종하기로 약속을 한 3일 후에 연락이 했다.

"전도사님, 남편의 생식기가 번데기처럼 풀이 죽어 있었는데 전도사님 가르쳐 주신 방법대로 했더니 손가락 두 마디만큼 뾰족이 자랐어요. 너무 감사합니다."

그리고 1주일 뒤에 다시 전화가 왔다.

"전도사님, 제가 그곳을 손으로 잡으면 점점 자라요."

할렐루야! 이제는 정상이 되었다는 것이다. 형제는 정말 기뻐하고 감사하면서 한달 월급 전체를 나에게 보내겠다고 했다.

"저에게 주지 마시고 학교 내에 점심을 못 먹는 가난한 학생들이 있을 텐데 그들에게 점심값으로 주세요."

2달 후에 다시 자매에게 전화가 왔다.

"31년 만에 남편이 발기가 되어 연합을 하니 너무 좋은 지 졸릴 때까지 하는데 제가 화장실에 가고 싶어 잠시 쉬려고 분리하려면 제 은밀한 곳이 아픈데 이유가 무엇일까요?"

그래서 아빠께 여쭈어 보았더니 화장실에 가고 싶다고 말을 하고 허락 받으면 괜찮다고 했다. "뼈 중에 뼈요 살 중의 살이라"인격적인 연합은 마음에 숨기는 것이 없이 온전히 하나가 되는 것이다. 이렇듯 이 남편의 생식기 회복은 아내의 사랑을 담은 영향력이 있는 말로 가능했다. 부부가 서로 세워주고 격려해 주는 사랑의 언어는 서로의 영혼을 새롭게 풍성하게 할 뿐만 아니라 생명의 힘을 불어넣는 놀라운 일이 일어나게 된 것이다. 아빠께서 가르쳐 주신 방법은 언제나 새로운 생명을 낳는 지혜와 경의로움과 슬기와 아름다운 것이기에 영광과 존귀와 찬양을 드렸다.

질투로 살인

"그 형제를 미워하는 자마다 살인하는 자니 살인하는 자마다 영생이 그 속에 거하지 아니하는 것을 너희가 아는 바라"
요한일서 3:15

1989년 대구 교도소 여자죄수 교화담당자로 있었을 때였다.

여자 무기수가 27명이 있었는데 그 중 한 자매는 옆집의 4살배기 딸로 인해 항상 기뻐하고 행복하게 사는 것이 질투가 나서 그 아이를 죽인 사람이었다. 어떻게 자기와 상관도 없는 옆집의 즐거운 웃음 때문에 피어나지도 못한 한 인생을 짓밟고 자기도 창살 속에서 평생을 콩밥 먹는 신세가 되었을까? 점심시간에 나는 그녀와 식사를 하면서 대화를 나누게 되었다. 덜 영근 콩 쭉정이로 밥을 해서 퍼 주는 푸르죽죽한 밥이 전부였다. 어미의 준비되지 못한 어두운 부분에서 만들어진 인격체이기 때문이리라!

음란의 영

"너희는 골육지친을 가까이하여 그 하체를 범치 말라 나는 여호와니라" 레위기 18:6

고등학교 2학년 때 친구의 소개로 알게 된 여상 3학년 선배가 어느 날 나를 찾아왔다. 평소에 말수가 적고 어두운 표정을 하고 있어 만날 때마다 잘 해 주고 싶었다. 그 날은 일기장을 들고 찾아와서 보여 주는데 내용이 너무 충격적이라 받아들이기가 어려웠다.

"나 임신했어. 그래서 자살하려고 가는 길인데 왠지 억울한 마음이 들어 너를 찾아왔어."

그녀는 계속해서 자기 신세타령을 했는데, 엄마와 아버지와 자주 싸워서 엄마가 외가에 가 있는 일이 더 많고 집안일을 돌보지 않는다고 했다. 자신이 동생들을 돌보는데 아버지가 술을 드시고 오면 10살 때부터 자기를 안고 주무셨다고 했다. 그런데 자기가 임신을 했다고 하니 자기애가 아니라며 모르는 척 한단다. 하늘이 무너지는 것 같아 더 이상 살고 싶지 않다는데 나도 억장이 무너졌다. 그 선배를 살리고 싶어 집에서 엄마 옷 두벌을 몰래 가지고 나와 내가 올케 언니로 연극하며 산부인과 수술실로 보냈다.

또 다른 엄마가 남매를 낳아 기르는데 아들이 정신 장애가 있다며 상담을 청했다. 그 아들은 엄마든, 할머니든, 상관없이 여자만 보면 범하려고 한다면서 만나는 날 나를 향해서도 달려들어 몹시 놀랐다. 그 엄마는 민망해 하면서 여러 해 전부터 신경을 곤두세우고 있는데 집의 창문도 여러 번 깼다고 했다.

"누나가 방문을 잠그니 깨고 들어가려고요. 이것이 대체 무슨 병입니까?"

아빠께서 대답해 주셨다. 자기만 사랑하는 족속들은 들로 씨를 심으러 가는 것도 귀찮아서 씨 심기를 아무 곳에서나 하게 되는 것이다. 그 엄마는 달러 사채놀이 크게 하는 사람인데 주변은 돌보지 않고 자기 욕심만 챙기니 그 아들이 그러는 것이다. 그 집에 처음 갔을 때 문을 열고 들어서는 순간 음란의 영이 집안 구석구석에 있는 것을 느꼈다. '아빠, 이 집안의 공기가 왜 이렇게 혼탁합니까?' 하고 알아 봤더니 아버지가 딸의 몸을 범하고 있었다.

어느 날은 어떤 엄마가 전화 상담을 요청했는데 남편이 결혼 초부터 유부녀와 사귀기 시작해 70살이 넘었는데도 여전히 얼마나 여자를 밝히는지 지긋지긋하다고 했다. 이런 저런 넋두리를 하다가 또 다른 부끄러운 일을 토해냈다. 그 댁도 역시 오빠와 여동생이 중학교 때부터 부부처럼 성을 즐기며 산다고 했다. 남매는 엄마가 모르는 줄 아는데 하늘이 무섭고 땅에 사는 것이 부끄럽다고 했다. 밖으로 드러나지는 않는 죄지만 얼마나 많은지 아빠께서 출애굽 하는 이스라엘선민을 향하여 사형에 해당하는 죄로 엄히 경고하신 생각이 났다. "골육지친을 가까이하여 그 하체를 범치 말라 나는 여호와니라" (레위기 18:6)

이스라엘 역사의 분기점을 이루었던 위대한 다윗 왕도 이와 같은 간음죄를 저질렀다. 우리아의 아내와 간통해서 임신한 것을 알게 되자 전장에 있던 우리아를 불러 그 사실을 숨기려고 집으로 휴가를 보낸다. 그러나 충직한 우리아는 전쟁터에 있는 동료들을 생각해 집으로 가지 않자 다윗은 요압 장군에게 우리아를 맹렬한 전쟁터에 앞세워 전사시키라는 편지를 보내어 죽게 만든다. 그리고 장례식을 치른 후 밧세바를 데려와 버젓이 아내로 삼는다. 아빠께서 어찌 가만히 계시겠는가? 다윗은 하나를 심었지만 그가 받은 형벌은 하나님께서 예고하신 대로 다 받아야 했다. 아들 암논이 이복누이를 욕보이고 버림으로 형제끼리 피 흘리는 것을 보아야 했고, 은밀히 밧세바와 간통했지만 그 아들 압살롬이 반역해서 백주에 수치를 드러내게 됐다.

"이에 사람들이 지붕 위에 장막을 치니 압살롬이 온 이스라엘 무리의 눈앞에서 그 부친의 후궁들로 더불어 동침하니라"(사무엘하 16:22)다윗이 자기를 사랑해 남의 아내도 뺏고 죄 없는 신하를 살인하는 죄까지 더 했을 때, 용서는 하셨지만 집안에서 피 흘림이 나고 모든 백성 앞에서 수치를 당하는 열매를 거두었다.

나의 주인은 내가 아니라 나를 만드신 아빠다. 나만 위해 나의 배만 위해 살지 않기를 경고하는 아빠의 말씀을 꼭 붙잡고 살아야 할 것이다.

전쟁터 가정

"전도사님, 해 지는 것이 무서워요."

"아니, 왜요?"

"집에 가기 싫어요. 퇴근하면 어디로 가야 할 지 마음을 못 잡겠어요. 아내가 무서워요."

"사랑해서 결혼한 아내가 왜요?"

"아내는 무남독녀로 예뻐서 결혼했는데 안하무인입니다. 계속 바가지를 긁어대니 소름이 끼칠 정도로 죽을 맛입니다."

"형제님께서 선택하셨으니 십자가를 지고 가셔야지요."

하기야 이렇게 기도하는 아내도 있었다.

"하나님! 남편이 교통사고가 나서 죽어 들어오게 해 주세요."

어느 댁에서는 며느리가 9년 반 동안이나 시부모, 신랑, 형제, 자식 모두에게 독약을 음식에 넣어 반죽음까지 몰고 갔다고 했다.

한편 손가락을 물어뜯어 피를 볼 때까지 싸우는 부부들, 그런 끔찍한 전쟁터가 된 현장을 자다가 일어나서 보고자란 아이들의 기억은 불행할 수밖에 없다. 그런 상태에서도 아빠께서는 당신의 방법으로 회복을 시키신다.

남편에게 물었다.

"부인한테 제가 전해준 말을 듣지 못했나요?"

"우리는 집에서 말을 안 합니다."

“그러면 식사는요?”

“해 놓으면 알아서 먹습니다.”

“그러면 잠자리는요?”

“서로 몸 닿을까 무서워 이 끝과 저 끝에서 자지요.”

“부부가 사랑하지 않으면 자녀에게 갈 사랑과 영양이 결핍되어 효도하고 순종하는 성품을 기대할 수 없을 것입니다.”

아름다운 에덴동산에서 하나님께서는 자신의 말씀보다 뱀의 보암직하고 먹음직하다는 탐스럽고 미끄러운 유혹의 말을 따른 하와로 인해 영적 전쟁을 선포하셨다.

“여호와 하나님이 뱀에게 이르시되 네가 이렇게 하였으니 네가 모든 육축과 들의 모든 짐승보다 더욱 저주를 받아 배로 다니고 종신토록 흙을 먹을지니라 내가 너로 여자와 원수가 되게 하고 너의 후손도 여자의 후손과 원수가 되게 하리니 여자의 후손은 네 머리를 상하게 할 것이요 너는 그의 발꿈치를 상하게 할 것이니라 하시고”(창세기 3:14-15)

뱀에게 ‘흙을 먹을지니라’고 하신 것은 뱀의 양식이 흙이 아니라 흙으로 만든 사람의 발꿈치를 물어 모든 언행심사를 한쪽으로 치우쳐 절뚝거리게 하는 것이다. 뱀의 속성은 갈라진 혀로 두 가지 말을 하고 상대방 몸을 휘감아 질식하게 한다. 손발이 없어 섬김과 협력의 씨가 없고 독을 가지고 있어서 뱀의 머리에는 악한 것들만 가득하다.

“곧 모든 불의, 추악, 탐욕, 악의가 가득한 자요 시기, 살인, 분쟁, 사기, 악독이 가득한 자요 수군수군하는 자요 비방하는 자요 하나님의 미워하시는 자요 능욕하는 자요 교만한 자요 자랑하는 자요 악을 도모하는 자요 부모를 거역하는 자요 우매한 자요 배약

하는 자요 무정한 자요 무자비한 자라 저희가 이 같은 일을 행하는 자는 사형에 해당한다고 하나님의 정하심을 알고도 자기들만 행할 뿐 아니라 또한 그 일을 행하는 자를 옳다 하느니라"

(로마서 1:29-32)

하와는 이 죄악에 빠져 에덴에서 쫓겨났다. 뱀에게 유혹 받은 것은 남자가 아니고 여자였다. 그래서 여인들은 시댁 식구들을 섬기고 협력하고 남편에게 쉼을 주든지 아니면 하와처럼 뱀의 소리를 듣고 악을 행하고 있는지 돌아보아야 한다.

"현숙한 여인은 살아 있는 동안에 그 남편에게 선을 행하고 악을 행치 아니하느니라"(잠언 31:12)

시어머니는 이러 이러해서 마음에 안 들고 시누이는 미운 짓을 해서 싫고, 모두 안 되는 쪽으로 몰고 가서 비방하면 그것이 남편의 고향을 흔들어 놓는 일이다. 하나님이 아담의 갈비뼈를 빼낸 자리에 흙으로 대신 채운 것처럼 남편은 자기의 아내를 향해 굉장히 너그럽다고 했다. 여자는 갈비뼈 출신이라 강하고 한번 한을 품으면 오뉴월에도 서리가 내린다. 그래서 앞의 형제처럼 탄식을 자아내게 하고 가정에서도 한숨이 흘러나오게 한다. 우리가 이 영적 전쟁에서 뱀에게 물리지 않고 승리하려면 오직 뱀의 머리를 밟아야만 살 수 있고 그러려면 남자와 여자의 창조원리와 그 역할분담을 충돌 없이 해내야 한다.

"각 남자의 머리는 그리스도요 여자의 머리는 남자요"

(고린도 전서 11:3)

남자는 머리이고 여자는 갈비뼈로 만든 가슴이다. 머리인 남자는 사고를 함으로써 개척정신, 탐구정신, 창의력을 동반한 통치자이고 주관자이지만, 가슴인 여자는 남자를 위해 지음 받은(고린도 전서 11:9)오장육부와 흉골 속에 있는 심장을 잘 지키는 보호벽이다. 머리와 가슴이 질서를 따라 그 소임을 잘한다면 서로의 영혼이 살찌우게 되리라.

“오직 위로부터 난 지혜는 첫째 성결하고 다음에 화평하고 관용하고 양순하며 긍휼과 선한 열매가 가득하고 편벽과 거짓이 없나니 화평케 하는 자들은 화평으로 심어 의의 열매를 거두느니라”

(야고보서 3:17-18)

그러나 물구나무서기처럼 이치가 바뀌면 뒤죽박죽이 되어 혼란스러울 때 숨 가쁜 삶이 되고, 그때 사단은 발꿈치를 물어 절뚝거리게 한다. 아내가 남편을 주관하지 않고 임금께, 주께 하듯 순복하고 가슴 깊은 사랑으로 가족을 섬긴다면 남편도 제자리에서 아내를 사랑하며 함께 어둠을 몰아내고 천국처럼 평안을 건설할 것이다. 나는 한때 순복음 교단으로부터 여러 차례 권유와 편지를 받았다. 나와 같은 사람을 찾고 있다며 목사안수를 줄 테니 안수를 받고 그 교단에서 사역해 달라는 요청이었다. 그러나 나는 자격도 없거니와 갈비뼈 출신의 여자이기에 더욱 그리 할 수 없었다. 시대가 바뀌어도 창조자의 질서는 여전하다. 영적 전쟁에서 아빠의 전략으로 승리한 자들에게는 아빠는 약속하셨다.

“이기는 그에게는 내가 내 보좌에 함께 앉게 하여 주기를 내가 이기고 아버지 보좌와 함께 앉은 것과 같이 하리라”

(요한계시록 3:21)

Vision International University & Seminary

4009 WILSHIRE BLVD #200B
LOS ANGELES, CA 90010
P.O. BOX 741922
LOS ANGELES,CA 90004-8922

학장 : 갈 여호수아
JOSHUA CARL, Ph.D
President

L.A. CAMPUS
Tel : (213) 480-1960
Fax: (213) 381-7755

황월순 전도사님 께 9-7-99

할렐루야, 저는 ASSEMBLIES OF God INTERNATIONAL fellowship 교단에 속한 VISION 神學大學 교學長 갈여호수아 牧師입니다. 저희 教團에 속한 한분 牧師任을 통해서 황전도사님을 알게 된것을 무척 기쁘게 생각합니다.

제가 이렇게 便紙를 쓰는 理由는 황월순 전도사님의 牧師안수 문제를 전도사님과 상의하고저 위해서 입니다. 제가 속한 교단은 美國에서 85年 역사를 지니고 약 4000명의 소속한 牧師가 있는 좋은 教團입니다. 우리 교단에서 중점적으로 관심을 가지고 사역하는 부분은 가난한 이웃과 고아들을 돌보는 것입니다

황월순 傳導師任께서는 지난 30年동안 그곳 고아와 집없는 靑少年들을 돌보면서 한平生 獻身된 삶을 살아오신 것을 新문과 잡지를 통해서 접하게 되였읍니다. 그 숭고한 삶에 저도 많은 감동을 받았읍니다

황전도사님의 사역은 우리교단의 중요사역과 많은 공통점을 지니고 있기에 오는 2000年 1월 26-30일까지 이곳 센디에고 본부에서 교단총회가 있고 그때에 황전도사님을 초청하여 목사안수를 드리기를 원합니다. 황전도사님이 허락하신다면 DR. & Rev. THEODORE A. LANES 총회장님께서도 기쁘게 허락하시겠다고 약속하셨읍니다 연락을 기다리겠읍니다. 연락받는대로 이곳 총회장님께서 황전도사님 목사안수식 참석을 위해 초청장을 우송해 드리겠읍니다. 우리교단서 목사 안수받은 분중에 한국서 목회하시는 분도 여러분이 계십니다. 안녕히 계십시오. 갈 여호수아 목사 드림

자살 계획

"주라 그리하면 너희에게 줄 것이니 곧 후히 되어 누르고 흔들어 넘치도록 하여 너희에게 안겨 주리라. 너희의 헤아리는 그 헤아림으로 너희도 헤아림을 도로 받을 것이니라."

누가복음 6:38

98년도에 주암산 기도원에서 기도를 하고 있는데 옆에 앉은 자매님이 애절하게 대성통곡을 하며 아빠께 부르짖었다. 대체 무슨 사연이기에 저럴까 눈을 뜨고 보니 기도하는 자매의 손이 민망할 정도로 심하게 짓물러 있었다. 나는 중보기도의 힘을 믿기에 조심스레 물었다.

"실례합니다, 자매님. 기도 제목을 저에게도 나누어 주시겠습니까?"

사연인즉 결혼해서 네 살배기 아들이 있는 그 자매는 남편은 자동차 정비공이었는데 허리 디스크가 있다고 했다. 남편이 집에서 쉬니 할 수 없이 자신이 어떤 고등학교 앞에서 분식점을 하는데 손에 습진이 심해지자 학생들이 불결하다고 오지를 않아 살 길이 막막해졌다고 했다. 친정으로 가보니 동생이 딱하다고 여비를 줘서 그 길로 무조건 기도원으로 올라왔다고 했다. 일주일을 기도해서 손이 낫지 않으면 자살하려고 날을 받아놓고 보니 자신의 처지가 애통해서 울부짖는 중이었다. 딱한 사정을 들은 나는 내 소개를 한 후 기도를 마치고 그 자매를 우리 집으로 데리고 왔다. 일주일을 같이 지내면서 죽기까지 가도록 상한 심령에 생명을 심어

주고 싶어 상담을 시작했다. 먼저 남편과의 관계를 물어보았더니 사이가 좋지 않아 아들이 태어나고는 남편과 잠자리를 거의 하지 않는다고 했다. 자신은 아들을 안고 자는데, 어떤 날은 남편이 연합을 요구해도 별로 반응을 하지 않을 때도 많았고 심지어 심한 말을 하기도 했단다.

"자매는 하나님께서 맺어주신 아내로서 도리를 무시하고 있습니다. 자매가 손이 아픈 것은 남편을 도와 협력해야 할 때 돕지 못해서 그렇습니다. 성경에서는 남편을 주께 하듯 복종하고 종이 주인에게 순복 하듯 임금께 하는 자세로 대하라고 명령하시는데 도대체 그 말투는 무엇입니까? 더구나 남편이 하나 되기를 원할 때 더럽다는 말은 또 무슨 말입니까? 낫고자 하시면 기도시간 외에 분방하지 말아야 하고 남편이 아내 몸을 주장하게 하고 말씨도 공손해져야 합니다."

하나하나 조목조목 따지면서 회개기도를 하니 자매는 어떻게 남편을 사모하고 섬겨야 되는지 깨닫게 되었다. 그러자 그토록 보기 흉하게 물렀던 손이 꾸덕꾸덕 해지면서 낫기 시작했다. 자매가 집으로 돌아간 후 한 달쯤 뒤에 남편으로부터 연락이 왔다. 내가 도대체 어떻게 하였기에 자신의 아내가 말씨부터 모든 행동이 놀랍게 변화되었냐며 감사를 전했다. 함부로 대하는 아내의 태도로 아내가 자신의 힘을 다 꺾어버리는 것 같고 허리에 힘이 다 사라지는 것처럼 허리 디스크를 오래 앓으며 고통스러웠는데 이제 아내가 바뀌니 살맛이 나고 허리도 자연스럽게 나았다는 간증이었다. 할렐루야!

매 맞는 아내

"그는 소시의 짝을 버리며 그 하나님의 언약을 잊어버린 자라 그 집은 사망으로, 그 길은 음부로 기울어졌나니"
잠언 2:17-18

한 자매에게서 전화가 왔다.

"전도사님 소문을 듣고 어려운 문제가 있어 전화했습니다."

그 자매는 20년 전에 결혼을 했는데 8년 전부터 남편의 구타가 시작돼 지금까지 때린다고 했다. 남동생이 누나 집에 왔다가 현장을 목격한 후 불같이 화를 내며 이혼을 하라고 매일 성화라고 했다.

"혹시 자매님이나 남편에게 신체장애가 있습니까?"

"우리 부부 다 아무 문제가 없습니다."

그렇다면 왜 때릴까 아빠께 이유를 여쭈어 보았다.

"자매님이 남편 외에 다른 사람을 마음에 품은 일이 있습니까?

"예……. 한 사람이 있습니다."

자매가 머뭇거리며 있다고 고백을 했다.

"한 사람이 아니고 세 사람이네요."

이 말에 당황한 자매가 어렵사리 시인을 했다.

"아니 어떻게 제 속을 그렇게 잘 아세요? 사실입니다."

"그것이 원인입니다. 남편이 이 사실을 압니까?"

"전혀 모릅니다."

"자매님은 남편의 아내이기에 남편 합의하에 행동해야 하는데 몰래 다른 남자를 만나니 그것은 죄입니다."

"남편이 사실을 모르는데 어떻게 이것 때문에 때린다고 합니까?"

"몰라도 사람은 영물이기에 본능적으로 느낍니다. 아내의 마음에 나만 있어야 하는데 나 외에 다른 무엇이 있구나 생각되니 빨래할 때 땟물을 빼려고 방망이로 때리는 것처럼 불필요한 것을 빼려고 구타하는 것입니다."

"그러면 제가 어떻게 해야 할까요?"

"당신의 주인은 남편입니다. 주인의 허락 없이 당신을 내어 준 것은 남편의 소유를 횡령한 죄입니다. 그 죄가 당신을 옭아매지 않도록 대가를 지불하며 하나님께 속죄를 드려 자유를 택하든지 아니면 남편에게 사실을 말하고 용서를 받든지 양자택일을 하십시오."

그 자매님은 하나님께 용서를 구하는 기도를 드리는 선택을 했고 나는 그 자매를 묶고 있는 것들에 대적하는 기도를 드리고 전화를 끊었다. 두 달 정도 뒤에 그 자매님의 소개로 다른 분의 전화가 왔는데 그 자매는 옛날 신혼으로 돌아가서 행복하게 살고 있다는 즐거운 소식이었다. 내가 할 일은 오직 아빠께 감사를 드리며 영광을 돌리는 것뿐이었다.

사랑한데이

부산에서 한 교회를 섬기고 있을 때 자매님이 이혼문제로 상담을 하러 왔다.

"이혼할 때 하더라도 숙제는 한 번 해보고 하세요. 마음에 내키지 않겠지만 남편에게 '사랑합니다'라고 한 번 고백해 보세요."

알겠다고 한 그 자매는 아침에 출근하는 남편에게 내가 일러준대로 했다.

"내 니 사랑한데이~"

"이기 미쳤나!"

그 자매가 남편의 말에 화가 나서 내게 전화를 걸어 항의를 했다.

"전도사님요, 내가 전도사님 주신 숙제하다가 미친게이(미친 사람) 됐잖아요!"

그런데 점심 때 남편에게 전화가 왔단다.

"미친게이한테 왜 전화했니?"

"사무실 앞으로 나와 봐라."

헐렁한 바지에 슬리퍼를 끌면서 아직도 분이 가라앉지 않은 채 한바탕 하러 갔다는데 남편이 엉뚱한 소리를 했다.

"아침에 니가 '내 니 사랑한데이'한 말이 자꾸 생각나 니가 보고 싶어서 밥 사주려고 오라켔다 아이가!"

"내가 니를 좋아서 사랑한데이 한 것이 아니고 우리 교회 전도사님이 숙제 내준기라, 원래는 니가 나보고 사랑한데이 카면 내가 '고맙습니다' 해야 되는데 내가 니한테 그 말 하라카면 남편을 가르치는 것이라고 니가 내 따라 할 때까지 나한테 먼저 '사랑합니다' 카라캤다."

"아니, 예배당에서 그런 것도 가르쳐 주나?"

그 후에 자매님이 존칭어로 바꾸고 고분고분해지니 얼마나 다정한 부부가 되었는지.

"사랑한데이~"

이 세상에 존재하는 가장 아름다운 천국 언어가 아니겠는가!

자녀양육

"또 아비들아 너희 자녀를 노엽게 하지 말고 오직 주의 교양과 훈계로 양육하라" 에베소서 6:4

어느 날 전화로 연결된 한 자매의 상담 내용은 여섯 살 난 아들이 종종 이불에 오줌을 싸는 것이었다. 때리기도 해 보지만 그러면 더 싸니 괴롭다고 했다.

"오줌을 싸서 때릴 때 어떻게 때렸나요?"

"손으로 닥치는 대로 때리지요. 한두 번도 아니고 해서."

"잠자면서 싸는 것은 고의가 아니고 실수로 싸는 것일 텐데 때리면 안 되지요. 그리고 꼭 때려야 할 경우에는 아무데나 닥치는 대로 때리면 아이에게 분노가 쌓입니다. 정 때리려면 밥주걱이나 작은 회초리로 손바닥이나 엉덩이나 종아리를 때리십시오. 밥주걱은 식사 때마다 밥을 푸는 친숙한 도구이니 자존심이 상하거나 부끄럽지 않을 것입니다."

"아, 예. 그런데 요를 말리기가 만만치 않아서요."

"그럴 때는 기도하세요. '하나님, 요가 하나밖에 없어 말리려면 해가 필요합니다.'라고 기도하면 언제나 넉넉히 말릴 수 있습니다. 그리고 습관적으로 그렇다면 매를 들기 전에 아들과 합의하십시오. 이런 잘못을 했으니 '네가 몇 대 맞으면 고칠 수 있니' 하고요, 중요한 것은 다른 부분에서 잘하는 것이 있으면 인정하고 세워주고 박수를 쳐주면 오줌 싸는 횟수가 줄어들 것입니다."

"제가 매를 들면 남편이 아주 싫어하는데 어떻게 해야 하나요?"

"아들의 소속은 부부이니 남편에게도 허락을 받고 하는 것이 바람직합니다. 참을 수 없는 분노가 와도 남편이 돌아올 때까지 반드시 기다렸다가 행동하십시오."

그리고 '평화의 집' 아들에 대한 이야기를 해 주었다. 일곱 살 난 아들에게 자면서 오줌 싼 것은 벌하지 않겠다고 약속을 했더니, 하루는 아침에 이불을 넘기니 요에서 김이 모락모락 올라왔다.

"아니, 아들! 아까 일어났는데 왜 여기서 오줌을 쌌을까?"

"아니 엄마가 오줌 싸도 된다고 하셨잖아요."

"야! 이 녀석, 잘 때 싸는 것은 괜찮지만 눈 뜨고 하는 것은 안 돼요."

"히히히, 누워서 싸니까 따끈따끈하고 좋던데……."

그 자매는 아이를 항상 그렇게 넉넉하게만 키워야 하는지 재차 물었다.

"아닙니다. 잠언 23:13-14에 '아이를 훈계하지 아니치 말라 채찍으로 그를 때릴지라도 죽지 아니하니라. 그를 채찍으로 때리면 그 영혼을 음부에서 구원하리라' 했으니 고의로 생명을 해하든지 부모에게 불순종하든지 성경에 나오는 하나님께서 싫어하시는 죄악(로마서 1:29-31)의 싹이 보이면 채찍으로 때리라고 했습니다. 우리에게 맡겨진 귀한 자녀를 향하여 교훈과 책망과 바르게 함과 의로 교육하고 정직과 감사를 가르쳐 아빠께 온전한 사람으로 설 수 있도록 키워야 할 것입니다."

깨달음을 얻은 자매는 그 후로 아이를 사랑으로 다루었고 당연히 아이의 버릇도 사라지게 되었다고 했다.

남은 효도

"아비를 구박하고 어미를 쫓아내는 자는 부끄러움을 끼치며 능욕을 부르는 자식이니라." 잠언 19:26

80년대 초 영업용 택시를 운전하고 있을 때 어떤 집사님을 알게 되었다. 어느 날 그 분이 기도 제목을 들고 왔다.

"전도사님, 시어머니를 모시고 있는데 18년 동안 망령이 들어있는데 대변을 집안 아무데나 보고 묻혀놓아 죽을 지경입니다. 빨리 천국으로 갔으면 좋겠는데 기도부탁을 드려도 될까요?"

그래서 노모를 한 번 만나기로 하고 댁을 방문했다. 할머니를 만나보니 망령 든 눈이 아니었다.

"엄마요, 엄마요 배고파요, 밥 좀 주이소."

그러나 며느리를 부를 때 이렇게 부르고 따라다니며 밥을 달라고 했다. 내가 왜 그러시는지 여쭈어 보았더니 노모가 대변을 아무렇게나 처리해 그저 연명하도록 밥과 국물을 조금 드리니까 그런다고 했다. 식사 때 보니 정말 조금 밖에 드리지 않아 저러니 시어머니가 늘 배가 고프시겠구나 하는 생각이 들었다. 무릎이 불편해 앉은뱅이처럼 앉아서 생활하시는 시어머니를 알면서도 며느리는 냉장고에 음식을 넣을 때면 손이 닿지 않는 높은 곳에 두었다. 10만원을 집사님께 드리면서 부탁을 드렸다.

"시장에 가서 할머니께서 좋아하시는 따끈한 떡과 예쁜 속옷과 외출복, 구두, 핸드백을 사서 할머니께 드리면서 어머님께서 일어나시면 이것 입고 같이 나들이 가자고 제의해 보세요."

삼 일을 다니면서 할머니를 도와드리자 다음부터 대소변을 가리시고 점잖게 계셨다. 사 드린 선물을 끌어안고 누워서 마냥 행복해 하시는 모습이 믿기지 않았다. 며느리에게 나는 아빠가 들려주는 말씀을 대신 전해 주었다.

"효도의 빚을 남기지 말고 다 채워드리면 천국으로 가실 것입니다. 만일 자매님이 행할 효도가 남아 있으면 그것을 채울 때까지 기다렸다가 가실 것입니다."

아빠의 보상

"하나님이 그들에게 복을 주시며 그들에게 이르시되 생육하고 번성하여 땅에 충만하라, 땅을 정복하라, 바다의 고기와 공중의 새와 땅에 움직이는 모든 생물을 다스리라 하시니라"
창세기 1:28

10년 전이었다. 중국에 계시는 자매님한테서 급한 연락이 왔다. 70대 친정 모친께서 중환자실에 입원 중인데 임종 준비를 하라는 연락이 와서 내일 출발한다고 했다. 맏딸인 자신이 임종을 지킬 수 있도록 기도해 달라는 요청이었다.

예전에 우리 식구가 사랑의 빚을 남긴 분으로, 귀국하는 동안 나도 차를 몰고 5시간 거리에 있는 그분의 모친을 만나러 갔다. 자매에게 모친께서 자녀를 몇 남매나 두셨는지 물어 보았다. 다른 분과 상담할 때는 대개 어디가 아픈지, 어떻게 사셨는지 먼저 질문하는데 이 모친의 경우는 달랐다.

그런데 자매님이 좀 수줍어하며 묻지 말라고 하셨는데 알고 보니 10남매나 두셨다. 50대에 혼자되어 자녀 양육에만 전념한 그 모친을 향해 아빠께서 아무런 죄명도 말씀하지 않으시고 치료해 주셨다. 하나님께서는 '생육하고 번성하여 땅에 충만 하라'는 명령에 순종하고 도구로 쓰임 받은 모친께 자기의 삶을 누릴 수 있는 복을 더해 주실 것이라고 말씀해 주셨다.

임종을 기다리는 모친에게 결혼시켜서 보상해 드리라는 아빠의 뜻을 전했더니 결혼 안 한 동생이 3명이나 있는데 어떻게 어머니를 시집보내느냐며 꺼려했다. 그럼 시집을 보내지 말고 새아버지 되실 분을 모셔 와서 같이 살면 홀어머니 잘 모신 것 소문이 나서 남은 동생들의 혼처도 쉽게 열릴 것이라고 말했다. 노인정이나 양로원에 가서 의지할 곳 없는 외로운 할아버지 수소문하면 찾을 수 있다고 가르쳐 드리니 듣고 계시던 모친께서 농담을 하셨다.

"얘야, 이왕이면 젊은 영감 얻어줘라"

그리고 곧 퇴원하셔서 그 해 겨울 동치미를 담가 자녀들에게 나누어 주셨다고 했다.

또 다른 지역의 70대 모친과 통화를 하는데 전처 자식이 있는 가정에 후처로 들어와 당신이 낳은 5명의 자식과 합해 10명의 자녀를 키운 어머니의 본분을 잘 아는 분이었다. 아빠께서 역시 이 아름다운 여인을 향하여서도 죄명을 묻지 않고 허물을 가리어주시고 그의 기도를 들어 주셨다. 핵가족시대를 사는 현대사회에 자녀를 많이 두면 자기들과 다르다고 미개인이라든지 무식한 족속으로 바라본다. 생명을 만드신 창조주는 변함없이 생명을 사랑하신다. 그 지으신 모든 것을 보시니 보시기에 심히 좋았더라(창세기 1:31)고 하셨다. 그리고 타락한 인간을 향해 예수님을 보내셔서 구원하심으로 그 사랑을 확증하셨다.

맏이의 특권

"네 아버지와 어머니를 공경하라. 이것이 약속 있는 첫 계명이니 이는 네가 잘되고 땅에서 장수하리라"
에베소서 6:2-3

한 자매가 결혼하기 전 상담할 것이 있다며 전화가 왔다.

"전도사님, 제가 선을 봤는데 사람도 마음에 들고 가족관계, 직장 등 여러 조건들이 두루두루 괜찮은데 한 가지 마음에 걸리는 것이 있어요. 단 한 가지 그 분이 4남매의 맏이랍니다."

"맏이면 어때서요?"

"장남은 부모님을 모셔야 되잖아요. 그것이 걱정이 되요."

"그러면 자매님, 자매님께서 결혼하셔서 첫 아기가 아들이면 엎어놓고 밟아 죽이세요. 왜냐하면 그 아들이 자라면 결혼을 못 할 테니까요."

말도 안 되는 이야기에 화가 났는지 아니면 내가 이렇게까지 심한 말을 하니 너무 놀랐는지 다시는 전화가 걸려오지 않았다. 장자의 특권이 얼마나 큰 것인가? 하루살이처럼 살려고 하는 태도와 가정의 짐을 지기 싫어하는 사람들을 보면 참으로 어리석다는 생각이 든다.

그러나 성경의 룻이라는 이방 여인은 과부가 되었지만 양식이 없는 홀시어머니를 위해 낯선 땅에서 이삭을 줍고 부지런히 동냥해 시어머니께 봉양함으로 다윗 왕의 혈통을 잇고 예수님의 족보에 이름이 기록된 고귀한 여인이 되었다.

"네 아버지와 어머니를 공경하라. 이것이 약속 있는 첫 계명이니 이는 네가 잘되고 땅에서 장수하리라" (에베소서 6:2-3)

이보다 더 큰 약속이 어디에 있겠는가?

노모의 고통

"나를 미워하는 자의 죄를 갚되 아비로부터 아들에게로 삼사대까지 이르게 하거니와 나를 사랑하고 내 계명을 지키는 자에게는 천대까지 은혜를 베푸느니라" 출애굽기 20:5-6

70대 후반이 된 모친께서 아들에 대해 하소연을 하셨다.

쉰 중반이 된 장남이 야간학교 청소를 하는데 학교수업이 끝나면 오밤중에 화장실 청소와 교실청소를 하는 직업을 가지고 있다고 했다. 그런데 멀쩡하다가도 술만 먹으면 몹쓸 욕을 하며 걸리는 데로 사고를 치니 대체 이것이 무슨 영문인지 상담을 요청했다. 모친의 삶 중에 혹시 대가를 지불하지 않은 무엇이 있는가 물었더니, 자식을 키울 때 월남한 여인을 십 년 넘게 식모로 부리다가 양로원으로 보냈는데 죽을 때까지 한 번도 찾아가지 않았다고 했다. 문제는 그 여인이 떠나면서 저주의 말을 남겼다는 것이다.

"네 자식이 더도 말고 덜도 말고 나처럼만 되라."

십 년을 대가를 지불하지 않고 남을 부려 먹었더니 그 사람은 저주를 하고, 아들에 이어 장손까지도 노모를 수고롭게 하며 개망나니처럼 살아가고 있었다. 사람의 삶은 공평하지 않은 것처럼 보여도 심은 대로 거두게 되는 것이 아빠의 공의로운 법칙이다. 자신이 심은 죄의 대가를 꼭 자기의 눈으로 확인하고 다 받은 연후에야 가게 하겠다는 아빠의 경고이시다.

15부. 미국에서

1. 면역 잃은 형제
2. 치료하는 광선
3. 브라이언 형제
4. 홈 리스와 함께
5. 상한 갈대
6. 강건의 비결

면역 잃은 형제

"뱀같이 그 혀를 날카롭게 하니 그 입술 아래는 독사의 독이 있나이다. (셀라)" 시편 140:3

2005년 어느 날 샌프란시스코에 사는 한 형제로부터 전화가 왔다. 본처와 이혼하고 6개월 전에 재혼했는데 새 아내의 친구가 나를 소개했다고 말했다. 형제는 몸에 힘이 자꾸 빠져서 병원에 갔더니 면역력이 너무 떨어졌다고 했다는데 이제는 직장생활도 못하겠다고 했다. 많은 경우 오래 결혼 생활을 한 부부들은 배우자로부터 오는 스트레스나 잘못된 결혼생활로 병을 많이 얻는 경우를 보았다.

"죄송하지만 형제님은 부인과 연합할 때 어떻게 하시는지 말씀해 주실 수 있습니까?"

"결혼 초에는 보통 사람처럼 아내와 연합하다가 포르노 비디오를 보기 시작하면서 오랄 섹스에 흥미를 느꼈습니다. 아내에게 자주 요구해서 즐겼지만 아내는 몹시 그렇게 하기를 싫어해서 자주 다투다가 결국 이혼했습니다."

"그럼 재혼한 부인과도 마찬가지인가요?"

"네, 하지만 지금의 아내도 썩 내켜 하지 않아서 고민 중에 있습니다."

"형제님, 하나님께서 이 부분에 대해 전에 제게 주신 말씀이 있어 자신 있게 말씀드릴 수 있습니다. 혀는 죽이는 독이 가득하여 자주 그렇게 하시면 혀가 몸을 흥분시켜 그 독이 혈관의 면역까지 죽게 합니다. '혀는 능히 길들일 사람이 없나니 쉬지 아니하는 악이요 죽이는 독이 가득한 것이라'(야고보서 3:8) 앞으로는 정상적인 부부관계를 가지면 면역력도 회복되고 나을 수 있을 것입니다."

그 형제는 몹시 놀라워하며 자신이 그로 인해 이혼까지 한 것에 대해 회개 기도를 했다. 나는 아빠께서 기뻐하시는 부부연합에 대해 자세히 전해 주고 전화를 끊으며 그 형제가 하나님의 방법으로 회복되기를 기도 드렸다.

치료하는 광선

"내 이름을 경외하는 너희에게는 의로운 해가 떠올라서 치료하는 광선을 발하리니 너희가 나가서 외양간에서 나온 송아지 같이 뛰리라" 말라기4:2

어느 날 뉴욕에서 당뇨로 고생하는 자매에게서 전화가 왔다.

발바닥이 굳어 오는데 굳은살을 칼로 긁어도 느낌이 없다고 했다. 감각이 없는 발 때문에 미끄러질까 봐 수공으로 제작한 $1,500짜리 특수신발을 신고 있는데, 피가 돌다 말고 한 번씩 갑자기 몸을 찌르면 운전하다가도 깜짝 놀라 핸들을 놓칠 번 한 적도 여러 번이라고 했다. 나는 부부관계의 신뢰와 가정이 파괴되면서 오는 여러 질병을 수없이 보아왔다.

"혹시 남편을 발바닥처럼 여기고 함부로 대하시나요?"

"네. 죄송하지만 그런 셈이지요. 어릴 때 불우한 환경에서 자라면서 어떻게 하면 지옥 같은 집을 벗어날까 하는 목적으로 결혼을 서둘러 했기에 저는 한 번도 남편을 존경해 본 기억이 없습니다."

"남편을 임금께 그리고 주께 하듯 존경하고 섬기면 행한 만큼 발도 풀릴 것입니다. 그리고 힘이 들어도 남편의 발을 따뜻한 물에 씻기고 발등에 입 맞추기를 계속 하십시오."

그리고 남편 앞에서 아내의 위치에 대해 아빠께서 말씀해 주시는 대로 들려주었다.

"아브라함이 자부를 구할 때 신실한 종을 고향으로 보내 순결하고 정숙한 리브가를 맞이하면서 많은 선물을 주고 데리고 온 경우가 있지요. 또 현숙한 이방 여인 룻이 보아스의 발치에 누웠던 경우가 있어요. 왜냐하면 룻의 처지가 과부로 순결을 상실한 자신을 인식하고 겸손과 덕을 쌓은 것이 아닌지요? 이 두 가지 경우를 보고 자매님이 어떤 위치에서 남편 앞에 서야 하는지 자기 위치를 선정하는 것이 바람직한 부부관계의 초석이 될 것입니다."

당뇨는 달콤한 것을 자신을 위해 먼저 채워 식물에서 당분섭취가 필요치 않은 경우다. 음식물이 주는 당분을 받아들일 틈새가 없다. 남편과의 관계에서 자신의 위치를 잘 알아 '나'를 내려놓고 남편만을 사모하고 그를 높이면 나을 것이라고 전해 드렸다.

브라이언 형제

"심령이 가난한 자는 복이 있나니 천국이 저희 것임이요"
마태복음 5:3

40대 중반의 브라이언 형제를 만난 것은 미국에서 생활한지 몇 개월 지나지 않은 2000년 9월이었다. 사랑하는 제부가 몸이 아파 병원에 입원했다가 중환자실에서 사경을 헤맬 때였다. 새벽 1시경에 같은 병동에 입원한 보호자와 함께 대기실에 앉아 있는데 피곤에 지친 떠돌이 생활자 같은 홈 리스로 보이는 남자가 다가왔다. 레스토랑이 어디에 있는지 물어보는데 레스토랑은 잘 모르지만 한국음식이 있는데 나눠 줄 수 있으니 먹겠느냐고 물었다.

"No"라고 대답은 했지만 사정이 딱해 보여서 그에게 $20을 주었다. 그래도 "No"라고 하면서 머뭇거리기에 속으로 '참 별난 사람이네' 하고 생각하는데 그가 옆에 앉더니 잠시 기도를 했다.

그의 기도하는 모습을 본 나는 그에게 중보기도를 요청했다.

"이 병원 중환자실에 우리 가족이 있는데 당신도 함께 기도해 줄 수 있겠습니까?"

다른 환자 방문차 와 계시는 분께 통역을 부탁드리면서 그렇게 말하자 그는 즉시 나에게 답을 주었다.

"오! 나는 이런 일을 위해서 27년이나 기다렸습니다. Okay!"

그에게서 숨이 막힐 것 같은 역한 냄새가 나자 간호사는 난색을 표하며 말렸다. 나는 그녀를 설득하고 그와 환자의 방으로 함께 기도하러 들어갔다. "형제여, 깊은 잠에서 깨어 일어나라"

그는 나름대로 정성껏 기도를 드리는 것 같았다. 같이 밖으로 나와 그에게 거처를 물으니 없다고 했다. 나는 우리가 얼마 전에 집을 사서 수리 중이나 수리가 곧 끝날 테니 좋다면 내일 우리 집으로 가자고 했다. 그러나 그는 엉뚱하게도 지금 가지 않으면 경찰이 잡으러 와서 곤란하다는 이상한 말을 했다. 이름은 브라이언, 미국의 전형적인 집 없는 이들의 꾸러미 같은 것을 챙긴 그는 한밤중에 수리 중인 우리 집으로 왔다. 이튿날 아침 집일을 하러 온 일꾼들에게 방 안에 있는 브라이언 형제는 나의 친구니 경찰에 신고하지 말고 놀라지도 말라고 부탁을 했다. 그리고 브라이언에게 그 차림으로는 절대 외출을 하지 말라고 했는데, 식사를 어떻게 해줄까 묻고 있는 사이 덜덜 떨었다. 알고 보니 알코올 중독자로 술기운이 떨어지면 그런 모습을 보인다고 했다. 주스를 조금 마시게 거들어 주자 잠이 들더니 꼼짝도 않고 3일을 밤낮없이 잠 속에 빠졌다. 자고 있는 동안에 씻을 수 있는 부분은 모두 닦아 주었다. 수염을 깎는데 그 밑에 때가 누룽지처럼 덕지덕지 붙어 손톱으로 박박 긁어내야만 떨어졌다. 발을 씻기려고 양말을 벗기니 양말이 장화처럼 딱딱했다. 나흘 후에야 겨우 눈을 뜨기에 샤워를 하라고 한 후 이발사를 데려와서 머리를 손질시켰다. 그러자 올 때 거지같은 몰골은 간 곳이 없고 말쑥한 백인 신사로 변해버렸다. 아무것도 없는 그를 위해 당장 속옷부터 외투까지 구입하고, 신발에다 먹고 싶다는 것을 사고 생필품까지 사고 보니 $1,000 이 들었다. 모처럼 정신적으로 안정을 찾은 그를 마음껏 누리도록 해주고 가족처럼 지내도록 식구들의 허락도 받았다. 그가 기타를 잘 칠 수 있다고 해서 기타를 사 주었더니 내가 좋아하는 'Amazing grace'도 멋지게 연주했다. 덕분에 가정예배를 드릴 때는 그를 인도자로 서게 했는데 그에게는 어쩌면 처음이자 마지막 행복의 시간인지도 몰랐다. 서너 달을 같이 지내면서 온갖 도움을 주며 그가 술을 끊도록 노력을 했건만 그는 결국 알코올 중독자로 습관을 버리지 못해 할 수 없이 그를 알코올 치료센터로 보내야 했다. 다행히 그는 그곳 프로그램에 잘 적응하며 견뎌 준다고 했고, 나는 시간이 날 때마다 꽃과 화분, 음식과 필요한 물품 등을 사서 통역 자와 같이 면회를 갔다. 그때마다 좋아서 어쩔 줄을 모르고 평소에도 우리를 하도 자랑을 해서 우리가 가면 거기 있는 많은 사람들이 부러운 눈초리로 쳐다보았다. 우리 집에 왔을 때부터 몸이 많이 약했던 그는 안타깝게도 하루는 햄버거를 사러 맥도날드 가게에 가서 줄을 서 있다가 갑자기 심장마비로 넘어졌다. 그가 죽은 후 브라이언 누나가 남편과 함께 9시간 거리를 달려와서 대화를 나누면서 브라이언에 대해 많이 알게 되었다. 11세 때부터 술을 마셨고 13세에 가출해서 사진조차 한 장 없던 브라이언 장례식 사진은 우리 집에서 찍어 준 것이었다. 80대 중반으로 생존해 있는 노부모는 슬하에 1남 3녀를 두었는데 어릴 때 집 나간 아들을 그때까지도 애타게 기다리고 있다고 했다. 브라이언의 누나는 한국인 사역자가 어떻게 말도 안 통하는 홈 리스 동생을 가족으로 맞아 들였는지 놀라워하며 우리들은 하나님의 사람이 틀림없다고 감격했다. 동생이 우리를 만난 것은 기적이었다며 동생에게 새로운 인생을 찾아 준 것에 대해 하염없이 고마움을 전했다. 브라이언 형제의 이 땅에서의 삶은 비록 가난했지만 그는 성경 속의 천국을 늘 사모하며 살았다. 그가 가지고 있던 성경책은 하도 읽어서 끝이 다 너덜너덜 헤져 있었는데, 나는 그가 심령이 가난한 자에게 주어지는 천국의 복을 누리지 않았을까 믿고 있다. 그래서 인생의 마지막 여정에 우리를 만나 그나마 인간다운 삶으로 유종의 미를 거두었다고 생각된다.

다이애나에게

안녕하세요 다이애나? 그리고 당신에게 신의 축복이.

당신과 당신의 조카를 만나게 되어 무척 반가웠습니다.

조카와 유니스 평 그리고 모세에게 안부 전해주십시오. 감사합니다.

당신이 가져온 화초는 모두가 볼 수 있도록 전화기 테이블에 놓았습니다. 이곳에 있는 많은 이들은 당신이 베푸는 자비와 친절에 감사합니다.

나는 당신이 차에서 내리는 순간 경외감으로 마음이 벅차올랐습니다. 저의 영혼이 당신과 함께 있기에 행복합니다.

23일부터 25일까지 당신과 함께하고 싶지만 지금은 외박이 허락되지 않습니다. 하지만 당신의 제의는 감사합니다.

신학교 생각은 좋은 생각 같습니다.

이씨 부부를 뵙고 싶습니다. 제게 토요일에 면회가 허락 되었습니다. 1시와 2시 사이입니다.

많은 사람을 만나고 싶습니다. 신과 함께할 깨끗한 미래를 생각할 때 저는 행복합니다. 디모데전서 5장 1~2절은 “늙은이를 꾸짖지 말고 권하되 아비에게 하듯 하며 젊은이를 형제에게 하듯 하고 늙은 여자를 어미에게 하듯 하며 젊은 여자를 일절 깨끗함으로 자매에게 하듯 하라” 고 쓰여 있습니다.

당신이 가져온 화분은 책상 위에 놓아두었습니다.

돌아오는 토요일 저녁에 저는 로스 가토스에서 ‘오 홀리 나잇 인 크리스 마스’ 노래를 할 것입니다.

어쩌면 당신을 그 곳에서 만날 수도 있겠습니다.

지난 일요일 예배는 즐거웠습니다.

저를 인내심을 가지고 사랑해주시고 보살펴주셔서 감사합니다.

신께서 저의 아픔을 어루만져 주셨습니다.
신의 은총이 당신에게 가득 하기를…….
다음 소식까지…….

당신의 종, 브라이언

2000년 12월

Dear Diana,
Hello And God bless you. IT WAS real good seeing you And nephew. Please say hi To Him As well As Eunice, Pheong And Moses. Thank you. The Plant you brought is on The Phone desk For ALL To enjoy. Many People here Praise you For Kindness And bieng nice. I Felt Alot of Fear And Shakiness when I saw you get out of car. my Spirit was glad To be with you. I wish I could be with you 23rd — 25th but I'm not Allowed To be Away overnight. Thank you For OFFering. God's school sounds good. Would Like To see mr. And mrs. Lee. I will be Able To have visit From 1:00 Till 2:00 Pm This Saturday. Would Love To see many People. I Feel happy About Future with Jesus. A very Pure Life. Please read I
딤전5:2 Timothy chapter 5 verses 1 And 2. That is How I Am Treating you And others. no Romance. Do not confuse Love with Lust. I Am very much A Gentleman. All That we need And want is in Christ. As we delight ourselves in Him Proverbs says He will give us our hearts desire. Again God's word says - They That Trust Jesus will not want or Lack Any good Thing. I will Let you Know Ahead of Time To come here. May you All have A beautiful Time in Reno, Nevada. The Plant you brought here is on The Phone desk. I will be singing O Holy night in Christmas Play Saturday night in Los Gatos. maybe see you There. I Enjoyed church Last Sunday. Thank you For Loving, caring and waiting For me. God is really healing my broken heart. Bless you All.

Till Later,
your servant,
Brian

P.S. could you drop off some Postage stamps and dandruff shampoo?
Thanks.

홈리스와 함께

"고아와 과부를 위하여 신원하시며 나그네를 사랑하사 그에게 식물과 의복을 주시나니" 신명기 10:18

미국에서 7년째 생활을 하던 중이었다.

샌프란시스코에 홈 리스가 많다는 소식을 접하고 그들을 회복시켜 달라고 기도드리던 중 아빠가 내게 '평화의 집' 문을 다시 열기를 바라는 기운을 느꼈다. 이미 브라이언을 통해 그들의 실태를 어느 정도 알게 된 나는 그들의 비참한 삶은 게으름과 나태에서 기인한다는 것을 알게 되었다. 하루는 직접 그들과 만나기 위해 목사님 한 분을 모시고 그들이 모여 산다는 버클리 학교 근처에 있는 'People's Park'으로 갔다. 가는 동안 차 안에서 간절히 기도를 드리자 아빠는 빛으로 온 공간을 덮는 아름다움을 연출해 주었다.

"목사님, 하나님께서 오늘 큰일을 보여주실 것 같습니다."

아빠의 즐거움을 느낀 나의 마음이 들떠있었다. 여러 홈 리스들과 대화하는 동안 '니끼'라는 한 자매와 연결이 됐다. 거기서 생활한지는 약 3년이 되었지만 이제라도 새롭게 살아보기를 바라는 각오를 하고 있었다. 내가 우리 집에 가서 같이 살면 어떠냐고 물었더니 처음에는 믿기지 않는지 의아해 하더니 세 번째 방문을 가서야 그녀를 설득시키며 데려올 수가 있었다. 니끼에게는 의지하는 흑인 남자 친구 '레지'가 있었는데 그는 '나의 가장 소중한 친구를 내어 준다.'며 우는 바람에 우리의 마음이 많이 아팠다.

니끼를 데려오기 전에 나는 함께 사는 여동생과 조카들에게 어떻게 홈 리스를 데려와 같이 살자고 할까 고민이 됐다. 기도를 하며 따로따로 양해를 구했는데 모두 두말없이 흔쾌히 "Okay!"했다.

조카들이 따로 쓰던 방을 하나로 합쳐 니키에게 방 하나를 내주었다. 그녀의 가방을 들고 보니 지난 3년간을 길에서 굴렸던 것이라 냄새가 몹시 났다. 나는 새 가방을 주면서 내용물을 옮겨 담고 그 가방을 씻자고 했다.

"내 가방에 나쁜 것이 있을까 봐 조사하려는 거지!"

그녀는 화를 내며 그 자리에 앉은 채 요지부동이었다. 할 수 없어 나는 본의 아니게 신문과 잡지에 난 글을 영어로 번역된 내 기사를 보여주며 달랠 수밖에 없었다.

"내 일은 너같이 집 없는 사람을 도와 함께 사는 것이다. 새 집에서 새 옷과 새 가방을 가지고 살면 남자 친구가 없어도 웃으면서 살 수 있을까 해서 그렇단다."

이렇게 설명하며 억지로 달래서 방으로 데려가니 밤 1시가 돼서야 가방을 씻으라고 내놓았다. 남자 친구를 떼어 놓고 온 것이 마음에 걸려 이튿날 연락을 취해 보았다. 주일에 만나 같이 교회에도 가기로 약속을 하고 주일에 함께 교회에 가서 예배도 드렸다. 그래도 마음이 편치 않아 무작정 남자친구도 집으로 데리고 왔다. 식구들에게 괜찮겠냐고 물었더니 모두들 또 괜찮다고 했다. 얼마나 감사하던지…….

공교롭게도 그때 우리 집 주소는 1004번지였다. 나그네를 사랑하시는 아빠를 닮은 '천사의 집'에 아빠는 백인 자매와 전직이 신문기자로 지금은 깡통 분류작업을 하는 흑인 남자친구를 보내 주신 것이다. 처음에는 씻지 않는 그들의 습관을 고치기 어렵고 몸에서 지독한 냄새가 나서 같이 살기 힘들었지만 '너희가 매일 한 번씩 샤워하는 일이 나를 크게 돕는 일'이라고 부탁을 하니 조금씩 따라 하기 시작했다. 니키는 16년 동안 술에 중독됐던 자매로 자신에 대한 관리가 전혀 되지 못했지만, 매사를 잘 거들어주고 도움을 주니 아빠의 은혜에 힘입어 두 사람은 점차 안정을 되찾았다. 잡초처럼 버려진 그들을 데려오는 날, 아빠께서는 온 공간을 빛으로 감싸주시며 나그네를 사랑하시는 인자하신 모습을 내게 보여주셨다. 고마우신 아빠!

우리 인생이 무엇이 관대 그토록 애타게 사랑하시며 찾게 하시는지, 아빠께 영광과 존귀와 찬양을 드리지 않을 수 없다.

다이애나에게

우리가 함께 했던 한 달을 기념하며 축하해요!

오늘이 우리가 같이 살게 된 지 꼭 한 달이 되는 날이니까요.

당신과 함께 한 동안 나는 당신의 두 눈을 들여다보고 당신의 손을 잡고만 있어도 매일매일 더욱 따스해지고 강해지는 것을 느꼈습니다. 당신이 웃으면서 가족이라고 말하고 우리에게 "당신들은 나의 가족입니다."라고 표현할 때 우리는 더욱 희망을 가지게 되었습니다.

이대로만 간다면 저도 어떤 분야에서든지 어느 정도는 성공을 거둘 수 있으리라는 희망과 신념을 갖게 됩니다.

제가 앞으로 있을 곳은 육체적으로는 당신의 가족으로부터 떠나는 것이겠지요. 하지만 저는 당신의 가족의 한 사람으로 다른 이들에게 힘이 되어 좀 더 당신과 가까워지고 돕기를 소망합니다.

저는 그동안 늘 제 도움이 필요한 곳이나 필요로 하는 곳에서 자원종사자로 일하고 싶었습니다.

하지만 제가 지난 2년 동안 이렇게까지 바닥으로 내려가는 경험을 하며 제가 누구에게도 도움을 줄 처지가 못 되는 자리에 서게 되리라고는 생각조차 못했습니다.

당신은 도움이 필요한 이들에게 가족처럼 진실로 친절을 베풀었으며, 제가 좀 더 나아지도록 영감을 주어 우리들의 삶이 누군가의 도움으로 변화되는 것을 도와 얼굴에 미소 짓게 하였습니다.

저는 오랜 시간 개인적으로 세상에 많은 빚을 지고 당신에게도 큰 빚을 졌습니다. 하지만 내게는 그 중에서도 당신과 일하며 배운 것이 가장 큰 은혜였습니다.

지금까지 당신에게 받은 사랑에 감사하며 다가올 다음 한 달을 기다립니다.

진실 된 다이애나 당신께 감사를 드립니다.

6월 16일 2007년 니키로부터

DIANNA, 6/16/07

HAPPY ANNIVERSARY! TODAY MARKS ONE MONTH THAT WE'VE BEEN TOGETHER. ONE MONTH, DURING WHICH, EACH DAY I'VE FELT WARMER, STRONGER, MORE HOPEFUL – JUST FROM LOOKING INTO YOUR EYES, HOLDING YOUR HAND, LAUGHING WITH YOU, OR HEARING YOU USE THE WORD "FAMILY" TO DESCRIBE US. YOU ARE MY FAMILY.

I HOPE – AND BELIEVE – THAT IF I CONTINUE ON THIS PATH AND CAN ACHIEVE SOME DEGREE OF SUCCESS (IN DIFFERENT AREAS), I WILL SOON BE ABLE TO JOIN YOU IN HELPING OTHERS. ONCE I GET MY OWN LIVING SPACE, I'LL BE OUT OF YOUR FAMILY'S WAY PHYSICALLY, BUT I HOPE TO KEEP GETTING CLOSER TO YOU AS A FAMILY AND AS A COMBINED FORCE IN HELPING OTHERS.

I'VE ALWAYS WANTED TO DO WORK (OR VOLUNTEER) IN A FIELD THAT ASSISTS THOSE IN NEEDS, BUT I NEVER THOUGHT I'D BE DOWN SO LOW THAT I'D BE IN NO POSITION TO DO ANYTHING FOR ANYONE. – WHICH IS WHERE I'VE BEEN FOR 2 YEARS.

WATCHING – AND EXPERIENCING – WHAT YOU DO SO GRACIOUSLY FOR THOSE IN NEEDS AS WELL AS YOUR OWN FAMILY TRULY INSPIRES ME TO GET BETTER SO THAT I CAN BE BY YOUR SIDE – WATCHING THE SMILES APPEAR ON PEOPLE'S FACES AS THEY REALIZE SOMEONE IS THERE TO HELP MAKE CHANGES IN THEIR LIVES. I'VE VOLUNTEERED AND DONE WHAT I COULD INDIVIDUALLY FOR YEARS BUT, LEARNING FROM & WORKING WITH YOU WOULD BE A BENEFITIALY POTENT ELIXOR!

I'VE LOVED OUR TIME SO FAR TOGETHER & AM LOOKING FORWARD TO MANY MORE MONTHS TO COME.

THANK YOU DIANNA. SINCERELY.

I do

Love,
Nikki

Hallmark
warm wishes

www.hallmark.com

0 70000 32189 4

99WT 912-7

상한 갈대

"상한 갈대를 꺾지 아니하며 꺼져가는 등불을 끄지 아니하고 진실로 정의를 시행할 것이며" 이사야 42:3

갈대와 같은 김상우씨를 만난 것은 2007년 5월이었다.

2005년 12월 30일 산타클라라 모 당구장에서 총기사건으로 3명이 사망한 사건에 연루돼 그는 머리와 심장 부근에 9발을 맞았다. 병원으로 실려 갔을 때 의사들이 가망이 없다며 고개를 흔들었고 설사 살아도 IQ가 3살배기 정도가 되어 사람구실을 못한다며 밀쳐 놓았다. 그가 다니던 산타클라라 연합감리교회 이성호 목사님은 소식을 듣고 와서 아직 그가 숨이 붙어있다는 것을 알고 의사들에게 치료를 하라고 강권했다.

1년 반 동안의 병원치료를 끝냈을 때 오른쪽 시신경을 잃어버리고 왼쪽 팔은 마비되었다. 총상 후유증으로 포기한 왼쪽 팔은 소문을 듣고 알게 된 concord의 우광수 한의원에서 치료를 받게 되었다. 우 닥터는 "총상으로 마비된 것이 아니고 옛날에 피로가 쌓여 약해진 부분에 쏠린 것이니 3개월 치료하면 완치됩니다."라고 제의했다. 그는 믿을 수 없는 진단이라며 의아해했다. 치료가 시작되면서 3회의 침술 후 마비된 팔에 온기가 회복되는 것을 보고 "그의 손은 신의 손이다."라고 말했다. 그러나 거짓말처럼 3개월 후 완치되어 기타반주도 할 수 있었고 중노동도 할 수 있게 되었는데 우 닥터는 치료비와 약값도 받지 않았다.

그런데 설상가상으로 그가 몰고 다니던 밴이 고속도로에서 고장이 나서 고치려면 2,350 달러가 들어야 했다. 그의 가족들은 다 흩어져 있고 가진 것은 아무 것도 없는 상황이었다.

자동차 정비공장에서는 3달 안에 찾아가되 돈을 완불해야 차를 건네주겠다고 했다. 사정이 딱해 교회에서 만나 친분이 있는 모 전도사님과 기도하며 고민하다 남, 북 캘리포니아에 있는 교회 70여 곳에 편지를 보내 도움을 요청했다. 김상우 씨는 이성호 목사님께 이미 많은 도움을 받았기에 산타클라라연합감리교회에는 보내지 말 것을 제의해서 보내지 않았다. 하지만 전도사님이 섬기던 세계선교침례교회에서 500달러를 받아 오셨던 것 말고는 아무 곳에서도 응답이 없었다. '아빠께서 이 소자에게 베푸신 것을 분명히 기억하실 텐데' 안타까운 마음으로 기다리다 전도사님과 함께 어렵사리 차를 찾아주었다.

'평화의 집'을 운영할 때도 우리 어머니가 도움을 주시는 양식 외에 도움을 받는 곳이 없어 혼자 너무도 힘에 겨워 한국에서 사랑의 메신저로 소문난 열 교회에 편지를 보냈었다.

'평화의 집' 소자들을 위해 남은 성미 쌀이나 헌 옷을 보내 주시면 일평생 이들을 멀리하지 않고 섬기겠다고 전했지만 아무런 회답을 받지 못했다. 하늘의 은총을 내려 줄 천사의 소리를 교회가 내려주어야 할 터인데…….

김상우 씨는 또 한 차례 큰 어려움을 겪었지만 도움을 받아 힘껏 이겨나갈 수 있었다. 그는 한국으로 돌아가기를 원해 어려운 상황 중에도 무사히 귀국을 하게 되었다. 예수님께서 메시야로 오시기 700년 전에 이사야 선지자를 통해 '상한 갈대를 꺾지 아니하며 꺼져가는 등불을 끄지 아니하고'라고 예언하며 가난한 자에게 사역이 집중될 것을 말씀하셨다.

내가 진실로 너희에게 이르노니 이 지극히 작은 자 하나에게 하지 아니한 것이 곧 내게 하지 아니한 것이니라 하시리니 저희는 영벌에 의인들은 영생에 들어가리라 하시니라.

(마태복음 25:31-46)

아빠는 사랑하는 자녀가 영적 훈련을 하도록 광야로 내몰며 때로는 감옥에, 혹은 가난하게, 또는 병이 나거나 나그네로 헐벗게 할 때가 있다. 낮은 자에 처해 있다고 무시하거나 외면하면 그를 지으신 아빠를 무시하고 무관심해 하는 것과 같다고 했다. 아빠는 돌아보는 그들에게는 영생으로, 외면하는 그들에게는 영벌이라고 대답했다. 아빠를 섬기는 교회나 성도들이 이 사실을 깊이 생각지 않고 말씀을 들어도 너무 쉽게 잊어버리곤 한다.

"너희가 여기 내 형제 중에 지극히 작은 자 하나에게 한 것이 곧 내게 한 것이니라 하시고"

우리가 아빠께 조그만 정성을 드릴 수 있는 방법이 있다는 것은 얼마나 신나는 일인가!

열린 마음으로 아빠와 동행하면 하나님의 기름부음이 있을 것이다.

강건의 비결

“간음하는 여자들이여 세상과 벗된 것이 하나님의 원수임을 알지 못하느뇨 그런즉 누구든지 세상과 벗이 되고자 하는 자는 스스로 하나님과 원수 되게 하는 것이니라” 야고보서 4:4

나이가 젊은 사람이 세상을 떠나면 ‘하나님도 무심하시지, 어떻게 선한 자를 이렇게 빨리 데려 가실까’하는 의문을 던질 때가 있다. 70, 80년 동안 강건하게 살도록 허락하신 창조주께서 어째서?

80년대 초 대학 재학 중 상담을 청해 온 것이 계기가 되어 오랫동안 친밀하게 지낸 한 형제가 있다. 농촌 출신인 그 형제는 생모가 누구인지 알지 못하는 출생의 비밀이 있었지만 선한 청지기 같은 삶을 살고 싶어 아빠께 헌신했다. 선한 성품에 존경할 만한 아름다운 삶을 사는 그에게 암이라는 사형선고가 내려졌다.

39세에 수술도중 의사의 실수로 더 빨리 죽음을 맞이했다.

‘왜 이렇게 천사 같은 이가 빨리 천국으로 갔을까?’에 대한 답을 10년이 지난 후 아빠께서 내게 주셨다. 그가 엄마의 뱃속에서 생명이 심겨졌을 때부터 그 생명에 대해 아무도 환영하지 않았고, 인정하고 축복해 주지 못해 그의 삶이 평범하지 못했다고 하셨다. 1960년대 생모는 아이가 있는지도 모른 채 소박을 맞아 친정으로 돌아왔는데 뒤늦게 임신한 것을 알아 슬픔 중에 출산했다. 아들이 태어난 소식을 듣자 아버지는 강제로 생모에게서 빼앗아가 그는 계모의 손에서 자라게 되었다.

"네가 내 새끼냐?"라며 냉기 도는 계모에게서 생명의 존귀함에 대해 아무런 영양공급을 받지 못하고 생명에 힘을 실어주지 못해 영양실조로 생을 마감한 것이다.

최근에 내가 사랑하는 선교사 사모를 통해 거듭 말씀하셨다.

6년 동안 설사를 해서 몸에 영양이 제대로 공급이 되지 않고 사역하는데 눌림이 많아 미국으로 불러 치료를 돕기로 했다. 기도해도 잠시 회복되었다가 다시 배가 아프고 전화가 와서 왜 이렇게 치료가 어려울까 같이 생활하면서 지난번에 환자를 고쳐주신 한의원에 가서 진맥을 받으며 원인을 찾았다. 이 사모의 경우는 생각을 너무 많이 해서 심장의 에너지가 고갈되어 소화기관도 같이 무너지고 있다고 말씀하셨다. 우리가 사고하는 것도 육체노동만큼 에너지를 많이 필요로 한다고 하셨다. 친정모친이 남편 안에 소속되지 못하고 생명을 가졌지만 태아에게 초점을 맞추지 못하고 자기 생각의 나래를 펴며 영양공급을 전혀 하지 못했다고 했다. 그래서 외로움의 뿌리를 가지고 태어난 사모는 이 부족을 채우기 위해 동일하게 생각하며 여기저기 다니며 불안하게 살았다. 이것이 삶의 습관이 되어 생각으로 온 세계를 누비고 방황하며 때로는 슬퍼하면서 살아 심장의 에너지를 많이 소모하였다. 그리고 20대에 헌혈을 20여 차례 이상 많이 해서 더 생명이 단축되었다고 했다.

치료받기 시작한 지 10여 일이 지난 우 박사님이 "제 손으로는 소생시킬 방법이 더 없습니다. 선한 분이 참 안됐습니다."라고 통보해 왔다. 이미 심장의 힘이 고갈되어 생명이 얼마 남지 않았고 소화기까지 약해져 비장도 약해져서 의사로서 손 쓸 단계가 지났다는 것이다. 생명의 귀중한 것에 너무 무관심했던 모태조직에서 시작된 것이니 창조주께 기도드리는 방법만 남았다.

그 옛날 내가 머리의 상처로 피를 많이 흘려 심한 빈혈로 고생할 때처럼‘아빠의 방법으로 수혈해 주세요’라고 기도 드렸다. 역시 우리 아빠의 능력은 대단하셔서 치유해 주셨다.

할렐루야! 아빠의 수혈 소식에 그 사모는 너무너무 감사드리며 아빠 영광만을 위해 살기로 작정하며 건강하게 가족들에게 돌아갔다.

16부.

제가 정말 미쳤나요?

1. 모난 중고품
2. 그 전도사 완전히 미쳤다구!
3. 평강의 길이 아니면
4. 높아지려는 전쟁

모난 중고품

대구 삼덕동에서 '평화의 집'을 하고 있을 때였다.

대구시에서 '자랑스러운 시민 상'을 표창하겠다는 연락을 해왔다. 대구 발전과 이웃과 사회를 위해 희생과 봉사로 대구시를 위해 일한 시민을 찾아 2백만 시민의 이름으로 상을 주는 것이라고 했다. 나는 해야 할 일을 한 것뿐이라 고사를 하려 했으나 그 일로 사람들이 자신들도 잘 모르고 살아온 세상에 존재하는 많은 소외 자들에게 관심을 가지는 계기가 될까 싶은 마음에 1985년 10월 8일 그 상을 받았다. 내가 처녀의 몸으로 이런 일에 매달리는 것이 신기하고 어떻게 처녀가 무기수랑 약혼까지 했는지 크고 작은 언론매체는 물론 잡지사와 지역신문에서 그 사연을 취재했다.

1981년에 대구 매일신보(5월19일)를 비롯해서 기독교 방송(5월19일), 주부생활(6월호)과 주간여성(5월 31일), 주간경향(5월31일), 엘레강스(8월호) 등의 잡지에서 내 기사를 다뤘다.

그리고 기독교방송(5월 19일), 문화방송 라디오 뉴스(6월 30일)와 문화방송 TV(6월 30일)에서도 취재를 했다. 기독교 방송 '새롭게 하소서'에서는 9월 25일 나를 생방송으로 취재했다.

1985년 영 레이디(12월호)와 대한매일신문(10월)에서 취재했고, 대구문화방송국에서는 '한국판 테레사'라는 주제로 45분간 다큐멘터리 한 편을 만들겠다며 6개월간 교섭을 해왔다. 사랑하는 나의 동생들이 전시효과가 될까 봐 내가 계속 고사하자 측면에서만 찍을 것이니 안심하라고 했다. 그렇게 여러 번 간청을 받았으나 결국 마음에 허락되지 않아 접은 적도 있었다.

언론의 주요 기사내용은 내가 34살 노처녀로 10년 동안 교도소와 소년원을 드나들며 처녀 기사로서 청소년 선도에 힘썼다는 것이었다. 그러기 위해 선택한 무기수와 약혼에 대한 기사와 택시운전을 하고, 대학원에 다니며 여자 혼자의 몸으로 누구도 하기 힘든 일을 한다는 격려의 차원이었다. 그것은 결코 나의 자랑이 될 수 없었으며 독자나 시청자들이 그동안 한 번도 생각해보지 않았던 사회에서 외면당한 이들을 생각해보게 하는 계기가 되었다고 나는 믿는다.

내가 청소년 선도에 첫발을 내디딘 것은 1970년 3월이었다.

13살 자리 박 모양이 손버릇이 나빠 학교나 고아원에서나 문제아로 낙인이 찍혔었다. 그로 인해 그 아이가 여기저기서 소외당하는 것을 보고 나는 내가 데려다가 고쳐보겠다는 결심을 했다.

그리고 곧 그 아이를 동생으로 삼은 나는 6년 동안 성경책을 펴놓고 끈질기게 그 아이를 교화시켰다. 덕분에 드디어 그 아이가 참회의 눈물을 흘리게 됐고 그로 인해 나는 자신감을 갖게 되었다. 나는 그 후 계속 소년원을 찾았고 78년 2월에는 대구 광주 소년원 교도소 등을 방문해 95명에게 상담과 결연 등을 주선하고 30여명에게 취업알선을 해 주었다. 79년도에는 아예 광주 소년원을 출감한 4명을 무작정 집으로 데려왔다.

그 해 그들의 안식처가 급선무라고 생각한 나는 대구시 서구 본리동에 '평화의 집'을 개설했다. 나는 50명에게 무료숙식, 취업알선, 부모 찾기, 학교 보내기 운동을 힘겹게 펼치며 사회와의 전쟁을 선포하였다. 79년부터는 그들에게 도움을 주기위해 택시운전을 시작했는데 내게 운전교육을 받은 6명이 직장을 찾았고 오갈 데

없는 고아들의 외국 입양도 주선했다.

공무원주택공사장에서 벽돌을 지면 하루 3천 5백 원을 받았다. 내가 힘에 부쳐도 나도 그 일을 할 수 밖에 없었던 것은 그들에게 떳떳하게 사는 법을 가르치려면 그 방법이 가장 효과적이었기 때문이었다. 당시 내가 선도 중인 아이들이 21명이었는데 그들을 더 잘 가르치려면 나도 더 배워야 할 것 같아 어려운 가운데 대학원에 진학했다. 자연히 사는 것은 말이 아니었다. 그때 내게 붙여진 별명은 '모난 중고품'이었다.

10여 년간이나 떨어진 옷과 운동화를 신고 살자 나를 아는 사람들이 붙여준 이름으로 자랑스러울 것도 부끄러울 것도 없는 별명이다. 다행히 대구 시민 상을 수상하자 상금을 받아 '평화의 집' 현판을 걸게 되었는데 그때의 감격은 이루 말 할 수가 없었다. 비록 나는 모난 중고품으로 살지만 사랑하는 나의 동생들이 새롭게 거듭난다면 계속 중고품으로 살아간다고 해도 족하지 싶다.

그 전도사 완전히 미쳤다구!

"우리가 만일 미쳤어도 하나님을 위한 것이요 만일 정신이 온전하여도 너희를 위한 것이니" 고린도후서 5:13

87년에 어느 모임에 갔을 때였다. 낯선 부인이 다가오더니 대구시청 시정과장의 아내라며 반갑게 인사를 했다.

"황월순씨, 맞지요? 저를 잘 모르시겠지만 저는 선생님을 잘 압니다. 2년 전 '자랑스러운 시민 상' 인물을 선정할 때 두 달 동안 남편대신 선생님의 행적을 조사했던 사람입니다."

그 분은 자신이 그때 여러 곳을 다니며 나에 대해 알아보는 동안 평가가 너무 달라서 어리둥절했다는 사실을 털어 놓았다. 특별히 두 분 목사님이 그랬는데 한 분은 동부교회 김덕신 목사님으로 "한 세기가 지나도 그런 사람은 못 만납니다."하고 극찬을 아끼지 않으셨다고 했다. 반면 내가 섬겼던 다른 한 교회 목사님은 "그 사람은 미쳐서 쓰레기통이나 뒤져서 헌 옷을 입고 살고 이상한 아이들을 데려다 같이 먹고 사는 사람이에요. 그 전도사는 완전히 미쳤다고요. 절대로 상을 주면 안 됩니다."

나는 그 말을 듣고 그 때의 상황으로 거슬러 올라가 보았다.

배부른 미혼모와 같이 사택에서 지내고 있을 때였다. 어느 날, 같은 교회 담당원의 소개로 전과 5범인 박 군이 찾아왔다. 거처를 정하지 못해 며칠을 같이 지내는 중 마침 박 군의 생일이 되었다.

음식을 준비해서 목사님 내외분을 초청해서 같이 생일축하예배를 드리고 교회 지하실에 그를 잠재워도 될 것을 허락 받았다. 그런데 두 달이 지난 후 내가 심방을 가느라 집을 비운 사이 박 군이 사고를 치게 되자 경찰관이 박 군을 데리고 교회로 확인을 하러 왔다고 했다.

"이 놈이 교회에 거주했다는데 사실입니까?"

경찰관이 목사님에게 묻자 목사님은 그 사람은 처음 보는 사람이라고 그를 완전히 외면하고 부인했다.

"이 새끼, 또 거짓말을 했어!"

경찰은 박 군에게 험한 욕과 발길질을 하면서 차에 태워서 다시 데리고 갔다고 사찰 집사님께서 심방을 갔다가 돌아온 내게 알려주셨다. 전과 5범인 박 군의 경우 이번 일로 다시 재판을 받아 형이 확정되면 5년을 더해서 청송감호소로 이송된다. 악랄하기로 소문난 그 곳에서 죄질이 중하다고 심한 고문을 받게 되는 것은 기정사실이었다. 나는 목사님을 찾아가 어느 관할 경찰서로 그가 호송되어 갔는지 물어보았더니 모른다고 했다. 간신히 마음을 달래놓은 동생을 놓치고 나니 의분이 나서 견딜 수가 없었다.

"두 달이나마 나름대로 바르게 살아가려고 직장도 다니며 애쓴 당신의 힘없는 양을 어떻게 모른다고 했습니까?"

나는 화가 나서 한 바탕 언성을 높였다. 며칠 후 장로님께서 오시더니 죄인들이 사택에 들락거려 덕이 되지 않으니 이 달 말까지 사택을 비우라고 통보하셨다. 그리고 마지막 주 예배시간에 광고를 해서 나를 사임시켰다.

"황월순씨는 죄인들과 함께 이상한 짓을 해서 더 이상 우리 교회 지도자가 아닙니다."

목사님 말대로 내가 아파트 쓰레기통을 뒤져 헌 옷을 찾아 입은 것은 사실이었다. 동생들을 키우면서 의복문제로 고민하다가 어느 장로님 댁에 헌 옷을 부탁한 적이 있었다. 헌 옷을 받아 고맙다고 인사를 건네는 내게 사모님이 불안한 얼굴로 말씀하셨다.

“평화의 집 아이들에게 우리 집에서 옷을 얻어 왔다고 말하지 마세요.”

믿는다는 사람들이 우리 동생들을 그렇게까지 편견으로 바라보자 너무도 마음이 아팠다. 그때부터 나는 부잣집에 옷을 얻으러 가느니 차라리 직접 찾아 입히기로 작정을 하고 내다 버린 옷을 보면 그것을 주워서 나도 입고 동생들에게도 입혔다. 그들이 보기에는 내가 가정이나 사회에서 철저히 외면당한 범죄자나 불량배로 보이는 아이들과 같이 사는 것을 아무렇지도 않게 여기자 내가 미쳐도 단단히 미쳤다고 생각되었을 것이다. 나는 사춘기 시절의 그 동생들에게 좋은 옷 한 벌 못 사 주고 쓰레기통만 뒤져 헌 옷만 입혔다. 그것이 마음에 걸려 평생 나도 헌 옷만 입고 살기로 작정하였고 지금도 그렇게 살고 있다.

“아빠, 제가 정말 미친 걸까요?”

그 때마다 아빠께서는 내게 큰 소리로 말씀 하신다.

“맞기는 맞지 않느냐, 네가 나에게 미치지 않았느냐?”

그리고 아빠께서는 이렇게 또 말씀하신다.

“나도 너한테 미쳐 있단다.”

평강의 길이 아니면

"여호와여 내 마음이 교만치 아니하고 내 눈이 높지 아니하오며 내가 큰일과 미치지 못할 기이한 일을 힘쓰지 아니 하나이다" 시편 131:1

94년 LA에 계시는 교포 한 분을 알게 되었다. 그 분은 교통사고로 경추 6번과 7번을 다쳐서 보상금으로 백만 달러를 받았다고 했다. 이 분과 기도하며 회복을 경험하는 중, 이 분이 내가 계획하는 공동체의 창단 멤버로 일하고 싶다고 했다. 나는 그 분께 말구유에 오신 예수님처럼 가난해지면 동참하라고 했다.

마태복음 19장에 나오는 예수님을 찾아 상담한 부자 청년을 기억하는가? 그는 율법의 모든 사항을 지켰다고 말했지만 온전해지려면 네 소유를 팔아 가난한 자들에게 주고 예수를 좇으라는 말씀에 실망하여 돌아갔었다.

한국에 있는 나에게 라스베가스에 있는 어떤 남자로부터 초청이 왔다. 맹인으로 호텔을 7개나 가지고 있는 유태인 거부인데 나를 보고 싶다고 했다. 그는 의료협회에 거액을 기부하면서 개안을 시도하고 있었지만 눈이 점점 더 어두워지나 병명도 알 수 없고 수술도 못 한다고 했다.

그는 내가 기도해서 자기 눈이 떠진다면 호텔을 하나 주겠노라고 전화로 제의를 했다. 자신은 분명한 것을 좋아하기에 나에 대한 신원조회로 모든 걸 확인했다며 아무 걱정 말고 꼭 오라고 했다. 하지만 나는 가지 않고 대신 그 사람 스스로 고칠 수 있는 답장을 보냈다. '모든 사람을 빛 가운데로 인도하는 만큼 눈이 밝아지리라'는 편지 내용이었다. 그 후로 답장이 없어 나는 그가 어떻게 되었는지 몰랐는데 우리 집에 묵고 가게 된 학생 편에 그의 소식을 들을 수 있었다. 이 학생은 그 사람의 이름을 딴 장학금수혜자로 그 분이 자신의 재산을 바쳐 교육에 기여한다는 것이었다. 사람들을 사랑의 빛으로 인도하는데 있어서 그보다 더 좋은 방법이 있을까! 언젠가 그를 한 번 꼭 만나보고 싶다.

85년 10월 대구시 '자랑스러운 시민 상'을 수상하고 신문에 내 이름과 사진이 오르내리자 많은 유명 인사들을 만나게 됐다.

그 중에 한 분이 전두환 전 대통령의 동생인 전경환씨다. 부산의 한 식당에서 만난 그는 내가 운영하는 '평화의 집'에 대해 좋은 일이라고 관심을 보이시고 도움을 주고 싶어 하셨다.

나의 선한 목적과 계획이 분명하자 경기도에 청소년 자활촌 부지 250만평을 주겠다고 제의했다. 그곳에서 '평화의 집'을 하되 새마을 중앙본부에 들어와서 일을 해야 한다는 조건이었다.

250만평이라니! 참으로 감사하며 상상조차 되지 않는 어마어마한 규모에 가슴이 뛰었고 더 많은 아이들을 돌볼 수 있는 절호의 찬스라 생각하니 꿈에 부풀었다. 그러나 나는 심사숙고 후에 고맙지만 사양을 하고 말았다. 비록 고생이 되더라도 동생들이 직접 가난을 체험하면서 세상을 스스로 개척하며 살아나가는 방법을 직접 배우기를 원했다. 그것이 반드시 대가를 치르게 하시는 아빠께서 원하시는 방법이라는 믿음에서였다. 나를 아는 사람들은 지금도 가끔 그때 그 제안을 수락하지 그랬냐고 안타까워한다.

그 뜻에 용기를 주신 그 분을 생각할수록 고마운 마음은 컸지만 지금 생각해도 잘했다 싶은 것은 아빠의 일을 하는 사람이 자신보다 물질과 명예에 눈이 어두워져 유혹을 받으면 자칫하면 넘어지기 쉽고 본분을 잊기 쉽다는 생각에서다. 물질을 안이 하게 생각하다 보면 성령께서 더 이상 그 사람과 함께 하시지 않는다는 것을 잘 알기 때문이다.

국제 라이온스 클럽 대구지구에서도 돕겠다고 했었다. 대지를 사줄 수도 있고 건물을 지어줄 수도 있으니 둘 중 하나를 선택하라는 제안이었다. 그러나 대가를 지불하지 않고 받은 것은 나의 순수한 뜻에 방해를 받을 수 있고 아빠의 방법대로 가고자 할 때 제재를 받을 수도 있을 것 같아 감사하다는 뜻만 전하고 받지 않았다. 그때 내가 한 결정을 들으면 누구나 미쳤다고 생각할지 모르지만 나는 오직 아빠가 원하는 방법대로 아이들을 키우고 싶었다.

높아지려는 전쟁

"노하기를 더디하는 자는 용사보다 낫고 자기의 마음을 다스리는 자는 성을 빼앗는 자보다 나으니라." 잠언 16:32

"여호와 하나님의 지으신 들짐승 중에 뱀이 가장 간교하더라. 뱀이 여자에게 물어 가로되 하나님이 참으로 너희더러 동산 모든 나무의 실과를 먹지 말라 하시더냐 여자가 뱀에게 말하되 동산 나무의 실과를 우리가 먹을 수 있으나 동산 중앙에 있는 나무의 실과는 하나님의 말씀에 너희는 먹지도 말고 만지지도 말라 너희가 죽을까 하노라 하셨느니라. 뱀이 여자에게 이르되 너희가 결코 죽지 아니하리라 너희가 그것을 먹는 날에는 너희 눈이 밝아 하나님과 같이 되어 선악을 알 줄을 하나님이 아심이니라" (창세기 3: 5)

사단은 에덴에서부터 높아지려는 전쟁을 선포했다.

내가 높아진다는 것은 곧 하나님께 대한 반역이요 바벨탑처럼 무너진다는 것을 뜻한다. 우리는 뱀의 갈라진 혀같이 자기방어를 위해서는 거짓말도 서슴지 않는다. 사람들을 미혹해 죄를 짓게 하고 영혼이 병듦으로 육신의 질병과 고통을 몰아가게 하는 영적 전쟁을 알면 어떻게 살아야 할지 답이 나온다. 아담과 하와의 후손들인 우리도 결국 같은 모양으로 살고 있다. 하나님 자리에 '나'가 올라가서 나를 위한 삶을 살고 있다. 남편과의 키 재기는 물론 자녀교육도 높아지려는 원리에서 출발하고 패션도 유명메이커로 해야 한다. 성형도 해 보는 등 남보다 높아지려는 전쟁을 하고 있으며 높아지는 것이 이루어지지 않으면 술이나 도박, 마약, 자포자기, 좌절 등 심지어 자살로까지 이어지는 경우도 있다. 가족들에게 조차 못난 부분이 보이면 불평과 원망, 걱정으로 마음의 평강을 빼앗기고 그러다 심령이 상하면 병의 근원을 만들기 시작한다.

아빠께서는 철저하게 겸손으로 일생을 마무리하셨다. 마구간으로 오셨고 천민의 동네인 나사렛에서 성장하셨다. 병들고 가난한 자에게 진리의 복음을 전하시려고 대신 극악한 사람들이 지는 십자가를 지고 마지막 길을 가셨다. 아빠께서는 '심령이 가난한 자는 복이 있나니 천국이 저희 것' (마태복음5:3)이라고 선포하셨다.

또 아빠께서는 우리에게 주신 것은 오직 의와 평강과 희락이라고 성경을 통해 말씀하셨다.

나는 세상의 부자를 세 종류로 나눌 수 있다고 본다. 작은 것에도 감사하며 누리는 부자, 아무리 많아도 더 헤아리고 싶어 모으기만 하는 헤아리는 부자, 가지고 있는 재산을 요긴하게 써야 할 때도 피해가고 보는 것만으로 즐거워하는 부자다.

1996년 한국에 살 때 대구근교 가창지역으로 이사를 갔었다.

젖소를 먹였던 축사인데 수리하고 청소해서 사용하기로 하고 거절하는 집세를 기어이 내밀었었다. 마구간으로 쓰던 곳이어서 쇠똥이 많아 3일을 모아 태워도 온 집에 냄새가 남아 있었다. 친구 둘이 와서 돕다가 같이 밤을 지내게 되었다. 지붕이 낡아 허물어져 별이 보이는 하늘을 지붕 삼은 나는, 마음 편히 등대고 누울 장소가 있어 너무 감사해서 "아빠 고마워요, 아빠 고마워요." 하고 밤새 노래를 불렀다. 친구의 친구 분은 후에 이렇게 말했다고 한다.

"황전도사 아무래도 미쳤지, 나는 쇠똥냄새가 나서 머리가 아파 잠도 오지 않아 힘들었는데 뭐가 그리 좋다고, 나는 이해가 안 돼."

마음을 낮추고 자족하게 되면 모든 것이 감사로 바뀐다. 아침에 눈 뜨자마자 새 날을 주심과 생명을 연장시켜 주셨음에, 가족들 모두 건강한 모습에 기쁨을 누리며 만족할 수 있다. 이렇게 누리는 부자는 어둠에 있지 않고 빛 가운데 살아 걸리는 부분이 없이 다 적응할 수 있고 작은 일에도 감사하며 충성할 수 있다. 그러나 자족하지 못하면 '사람의 심령은 그의 병을 이기거니와 심령이 상하면 그것을 누가 일으키겠느냐' (잠언 18:14)는 말씀처럼 병이 나게 된다. 우리 영혼의 평강을 흔들어 혼란스럽게 사단이 끌고 다니고 우리 몸을 병들게 한다. 거룩한 성전인 우리 몸을 잘 관리하지 못해 지체의 부분 부분이 죽음을 경험하게 된다. 마음을 낮추어 자족하고 감사하는 것은 자기의 마음을 다스리는 자가 성을 빼앗는 자보다 낫다는 말씀처럼 사단의 공격을 받지 않게 된다. 누리는 부자는 또한 나눔의 생활을 하는 자이다. 세상을 향해 높아지려고 하지 않으니 있는 것으로 자족하고 나머지는 가난한 영혼을 향하여 부요케 할 수 있는 것이다.

그리하면 마지막 날에 작은 소자에게 한 것이 내게 한 것이라고 기억하시는 아빠께서 "착하고 충성된 종아 네가 적은 일에 충성하였으매 내가 많은 것으로 네게 맡기리니 네 주인의 즐거움에 참예할 지어다 하고" (마태복음 25:23) 승리자의 상을 받게 할 것이다.

아빠는 마음을 낮추어 우리가 천국을 소유하며 아빠와 함께 뒹굴며, 감사하며, 건강하게 사는 것을 기뻐하신다. 그리고 우리에게 있는 천국을 나누며 다른 사람의 가난과 고통과 어려움을 도와 적은 일에 충성하는 승리자가 되기를 기다리신다. 중요한 사실은 예수 그리스도가 우리 안에 있으면 우리는 예수 그리스도만큼 존귀한 자가 되기 때문에 결코 높아지고자 전쟁을 할 필요가 없다.

맺음말

"내가 곧 길이요 진리요 생명이니 나로 말미암지 않고는 아버지께로 올 자가 없느니라" 요한복음 14:6

초스피드로 경쟁하며 분주히 어디로 가는지도 모른 채 뛰어가는 현대인을 향해 아빠께서는 그런 가운데에서도 여유로운 삶을 찾는 길로 우리를 초대하신다.

어느 날 시간을 보고 있는데 아빠께서 나를 찾아 오셨다. 그리고 초침, 분침, 시침을 보여주시며 초침은 사탄의 시간, 분침은 인간의 시간, 시침은 아빠의 시간이라는 말씀을 해주셨다. 초침이 째깍째깍 60번 돌면 1분, 분침이 부지런히 60번 돌면 1시간이 간다. 초침과 분침이 열심히 뛰고 나면 시침은 한 번 움직인다. 우리는 초침이 뛸 때 뛰고 분침이 뛸 때도 여전히 분주하게 열심히 뛰었는데도 이룬 것이 없을 때가 많다. 자신들이 정한 성공, 명예, 권세, 돈 등 저마다 무지개를 잡으려고 열심히 달려가지만 또다시 무지개는 저 만큼 달아나 멀리 있다. 자녀를 교육시킬 때도 마치 그들이 공부하는 기계인양 아침부터 늦은 밤까지 건강을 체크할 여가도 없이 몰아세우지만, 그런다고 사람이 되는 것은 아니고 그들의 인격은 온전히 부모의 삶을 보고 배우는 것이다.

사단은 초침으로 우리를 초대해 조급함으로 몰고 가서 어리석음을 나타내게 한다. (잠언 14:29)

아빠의 시침 안에 들어가서 길 되신 예수님을 따라가면 선한 열매를 낼 수 있다고 아빠께서 그의 역사 속으로 우리들을 초대하신다. 그 초대에 응해 살면 행복하게 주어진 삶을 누리는 평안을 얻게 되는 것은 자명한 사실이다.

아빠는 "그가 채찍에 맞음으로 우리가 나음을 입었도다"(이사야 53:5) 라는 말씀을 주셨다. 예수님께서는 처절한 십자가형을 감당하시기 전에 채찍에 맞으셨다. 로마의 역사가 리비우스에 따르면 로마 군은 죄인의 증거확보를 위해 고문기술자인 채찍전문가를 고용해서 가혹한 채찍질을 했다고 한다. 9가닥의 채찍에는 손톱처럼 생긴 납덩이와 유리 뼈를 달아 두 명의 로마 군병이 번갈아 가며 때려 많은 피를 흘리게 했다. 피부 밑에 뼈에 붙은 근육끼리 찢겨지고 찢겨진 살이 피범벅이 된 채로 리본처럼 덜렁덜렁 매달려있게 된다. 3세기 역사가 유세비우스는 태형을 당하는 사람의 정맥이 밖으로 드러났고 근육, 뼈, 그리고 창자의 일부가 노출되었다고 기록하였다. 주님께서는 이렇게 온 몸으로 우리 죄악의 고통을 대신 담당하셨다. 주님의 보혈과 고난은 나를 영육간 죽음의 고통에서 치료하실 뿐만 아니라 내 영혼을 구원하기에 충분하셨다. 1984년 머리를 다쳐 죽음의 문턱까지 갔지만 나는 아빠 덕분에 그 후 인생은 덤으로 살고 있다. 그래서 내가 무엇을 꼭 이루겠다는 목표도 접고 아빠와 여유로운 천국을 누리며 아빠의 시간에 일이 진행되는 것에 동참하며 맡겨진 일에 즐거이 책임을 다하고 있다.

내 인생의 주인은 내가 아니다. 우리 인간은 누구나 언젠가 자신을 조성하신 창조주께 돌아간다. 우리의 삶을 셈하는 방법은 자신에게 주어진 시간을 열심히 살다가 자신의 역사가 끝나는 날 우리의 주인 앞에 설 그 시간이다. 지금 가고 있는 방향이 예수님을 따라가고 있는지 냉철하게 판단하고 사는 것이 자신을 만들어주신 분에 대한 도리이다.

"나는 포도나무요 너희는 가지니 제가 내 안에 내가 저 안에 있으면 이 사람은 과실을 많이 맺나니 나를 떠나서는 너희가 아무것도 할 수 없음이라" (요한복음 15:5)

한 사람 한 사람 일생 모두 귀하고 소중하다. 우리를 만드신 아빠는 날마다 우리를 애타게 기다리며 그의 품으로 돌아오라고 손을 내밀고 계시다.

"성령과 신부가 말씀하시기를 오라 하시는도다. 듣는 자도 오라 할 것이요 목마른 자도 올 것이요 또 원하는 자는 값없이 생명수를 받으라 하시더라" (요한계시록 22:17)

아빠께서는 이렇게 여러분 모두를 아빠의 역사 속으로 들어오시길 간절히 오늘도 초대하고 계신다.

주소: P. O. Box 3309
Santa Clara, CA 95055
U. S. A.
미국 연락처 : 408-557-0850

관련 사이트
http://cafe.naver.com/jesushousemission (성령의 임재)
E-mail : jesushouse777@yahoo.com

이 책의 수입금 전액은 Jesus House Mission 공동체 사역과 가난한 이웃들을 위해 사용될 것입니다.